AF409000

Almudena Ribot, Ignacio Borrego, Javier García-Germán, Diego García-Setién

COLABORATORIO:
Fabricación digital y arquitecturas colaborativas

CoLaboratorio : fabricación digital y arquitecturas colaborativas / Almudena
    Ribot ... [et. al.]. - 1a ed. - Ciudad Autónoma de Buenos Aires : Diseño, 2014.
    232 p. : il. ; 21x15 cm. - (Textos de arquitectura y diseño / Marcelo Camerlo)

    ISBN 978-987-3607-36-3

    1. Arquitectura. 2. Investigación. I. Ribot, Almudena
    CDD 720.01

Textos de Arquitectura y Diseño

Director de la Colección:
Marcelo Camerlo, Arquitecto

Diseño de Tapa:
Liliana Foguelman

Diseño gráfico:
Karina Di Pace

Almudena Ribot, Ignacio Borrego, Javier García-Germán, Diego García-Setién

COLABORATORIO:
Fabricación digital y arquitecturas colaborativas

COLABORATORIO
Fabricación digital y arquitecturas colaborativas

ÍNDICE

Introducción

COLABORATORIO

Almudena Ribot, Ignacio Borrego,
Javier García-Germán y Diego García-Setién

En 2009 Almudena Ribot, Ignacio Borrego, Javier García-Germán y Diego García-Setién se unieron para formar CoLaboratorio, una nueva unidad docente en la Escuela de Arquitectura de la Universidad Politécnica de Madrid.

Más allá de la existencia de intereses comunes, que en realidad siempre han sido más complementarios que coincidentes, la afinidad surgió en la voluntad de acometer una nueva visión de la práctica arquitectónica contemporánea basada en tres campos necesarios: la formación, la investigación y la actividad profesional.

La formación está generalmente condicionada por una transmisión vertical de la información, desde el docente hacia el alumno, mientras que en CoLaboratorio se pretende que esta dirección se diversifique entre un número mayor de partes implicadas que definen las circunstancias de cada curso. De la misma forma que sucede en la práctica profesional actual, en la que el arquitecto ha dejado de ser el único coordinador para formar parte de un equipo de negociación, en CoLaboratorio se pretenden simular a pequeña escala las condiciones y el potencial de la interacción simultánea de múltiples actores en un proceso creativo, con un objetivo común.

Cualquier realidad es irrepetible y su representación o reproducción supone una simplificación en base a unos parámetros cuyos criterios son especialmente relevantes en una metodología docente. Un taller de proyectos es un espacio en el que se reproducen las condiciones de una realidad externa determinada para interactuar con ella, del mismo modo que en un laboratorio científico se imitan ciertas condiciones de la naturaleza para analizar procesos. Con esto se pretende que no haya influencias de parámetros imprevistos que alteren el resultado del proceso, de forma que los únicos condicionantes sean los inicialmente previstos. Así se pretende obtener conclusiones generalizables controladas que nos acercan a los procesos normalizados.

El objetivo de CoLaboratorio es investigar las transferencias que pueden existir entre las estrategias proyectuales y los nuevos procesos de diseño empleados por la industria contemporánea, para aplicarlos a la práctica del proyecto de arquitectura, empleando para ello un modelo de colaboración basado en el trabajo colectivo.

En esta edición se recogen parte de las reflexiones elaboradas a lo largo de estos cinco años, junto con las aportadas por los CoLaboradores que han formado parte de esta experiencia, enmarcada en el Grupo de Investigación PROLAB, Laboratorio de Investigación del Proyecto Contemporáneo.

Mayo 2014

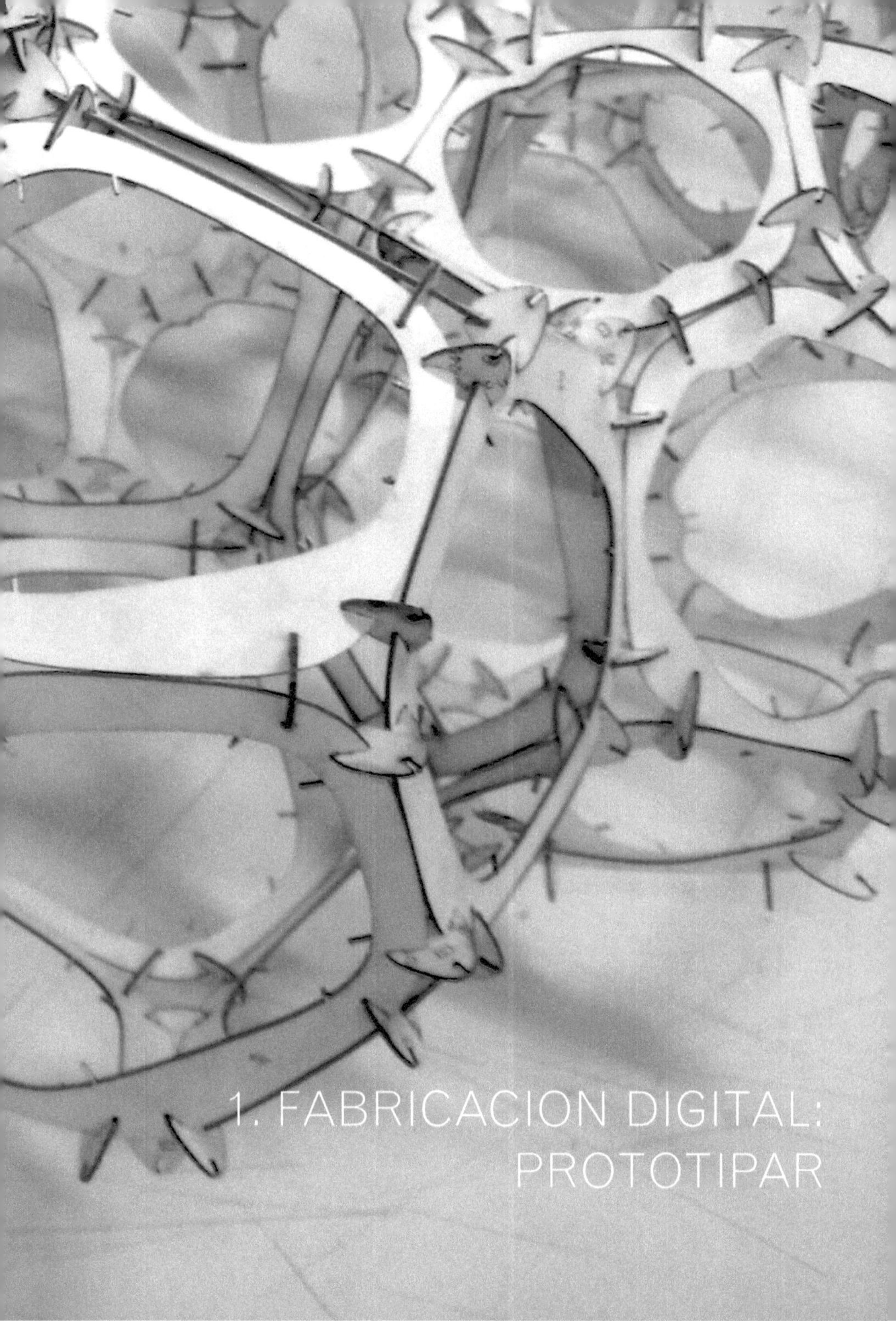

1. FABRICACION DIGITAL:
PROTOTIPAR

1.1

COLABORATORIO / CASUALIDADES, INTERESES, ERRORES Y ACIERTOS

Almudena Ribot Manzano

1. CASUALIDADES

Muchas cosas importantes en la vida son producto de la casualidad,
CoLaboratorio es una de ellas. En 2009 un grupo de profesores de la
Etsam inconexos[1] nos reunimos a buscar intereses comunes: Arquitectura, Proyecto, Construcción, Energía, Industrialización. Encontramos así un Programa. Buscamos un lugar: el taller de maquetas,
probablemente el sitio más mágico de nuestra escuela. Un Lugar.
Encontramos una máquina sin apenas uso, una máquina de corte digital laser.[2] Sistema constructivo. Teníamos programa, lugar y sistema:
había proyecto.

Añadimos a nuestros intereses iniciales la propuesta de trabajar
colectivamente, como paradigma del trabajo del arquitecto en la con-
temporaneidad. Así nació CoLaboratorio, quizá no tan importante aunque sí bastante interesante. Eso nos parece todavía.

2. INTERESES

CoLaboratorio es un espacio de producción de prototipos y objetos
reales. Su objetivo es investigar las transferencias que existen entre
las estrategias proyectuales y los nuevos procesos de diseño empleados en la industria contemporánea. La industrialización, entendida
desde un punto de vista global, recogiendo el conjunto del proceso
desde el proyecto hasta la fabricación, se presenta como una respuesta urgente y necesaria para la construcción contemporánea y como
una interesante alternativa en la redefinición de nuestra disciplina.

Hoy está asumido de manera generalizada que los sistemas forman
parte de los procedimientos del proyecto y, sin embargo, detectamos
poca investigación sobre los sistemas industrializados actuales desde
el territorio abstracto del proyecto de arquitectura. Este laboratorio
entra en ese terreno, quiere conocer los procesos contemporáneos

1. Los profesores son Ignacio Borrego, Diego García-Setién, Javier García-Germán y Almudena
Ribot. CoLaboratorio era una asignatura opcional de la ETSAM desde 2009, en 2012 nos invitaron
al Máster de Proyectos Avanzados.
2. El 2° año la ETSAM compró una fresadora Alarsis 130 FR180 3d, de 1930mm × 950mm.

de la industria: patronaje, ligereza, optimización de embalajes, transporte, reutilización, economía... y quiere experimentar con ello como instrumento de proyecto.

El proyecto es colectivo, el trabajo en equipo es la situación real del arquitecto en la actualidad. La participación de cada autor tiene cierto grado de autonomía y a la vez cierta dependencia con el grupo. Cada uno se beneficia del trabajo de investigación del grupo y a la vez realiza un proyecto individual, que tendrá que negociar los límites, condiciones de borde o estrategias de proceso con sus vecinos. Cada proyecto será una pieza del proyecto común.

Nos interesan las ideas pero sobre todo las decisiones. Más que la originalidad de las ideas nos interesa la circulación de estas, su desarrollo, la capacidad de obtener recursos que permitan desbloquearlas, saber cómo incrementar su complejidad, su capacidad de combinar niveles de información solapados, la articulación entre unas y otras. Más que las ideas nos gustan las relaciones y por tanto, a través de estas, nos interesan las ideas que se construyen como buenas ideas.

3. ERRORES

No se trata de enumerar aquí los errores cometidos, sino de ser conscientes de que CoLaboratorio, mucho más de los que sucede en otras maneras de aprender proyectos de arquitectura, introduce el error en el aprendizaje. Uno aprende tanto de sus errores como de sus aciertos.

Está asumido que los prototipos constructivos admiten tropiezos, como lo que son, resultados parciales del camino hacia el objeto perfecto. Nuestros modelos ni siquiera buscan ese camino, son más bien modelos de reflexión. Objetos concretos y a la vez con propiedades lo suficientemente abstractas como para convertirse en reflexiones transferibles a proyectos posteriores.

Igualmente nos interesa la mezcla que existe entre la perfección digital y el error humano. Nos colocamos después de la fascinación por lo digital. Un momento en el que lo digital y lo analógico no se oponen, como dos realidades opuestas, sino que conviven con naturalidad.

4. ACIERTOS

Nuestro principal acierto ha sido trabajar con objetos reales. Construimos un modelo colectivo que entendemos como un modelo real. Un modelo concreto que además de servir de reflexión, debe defenderse a sí mismo. No se trata de una maqueta arquitectónica convencional, que es parte de una secuencia temporal, de un camino racionalizado hacia algo consecuencia final de la misma, hacia el edificio arquitectónico. No es una representación ni la imagen de algo que vendrá posteriormente, es un modelo real.[3] Por eso tiene un gran tamaño, para que se pueda trabajar sin emular situaciones de la realidad posterior, para que se pueda construir y sea realidad en sí mismo. Desde esta diferenciación entre modelo y maqueta y como parte del proceso de trabajo hacemos varias maquetas, conceptuales y pequeñas, que anticipan la realización de este modelo colectivo final.

Quizá otro hallazgo es que nos interesa la determinación. En este laboratorio procuramos explicarnos menos verbalmente y más ostensiblemente. No explicamos, mostramos. Valoramos la presencia, la fabricación de piezas concretas, aquí y ahora. No preguntamos tanto qué haces sino cómo lo haces.

Somos conscientes de que nuestro trabajo forma parte de una red mayor y además, como nuestra aportación es concreta, sabemos que es exploratoria y experimental y por tanto siempre estará inacabada.[4]

3. En el sentido que lo entiende Olafur Eliasson, "los modelos son reales", 2007, GG, 2009.
4. Como sucede con los libros de la estantería de Wittgenstein, simplemente nos colocamos en un marco diferente. "imaginemos que tenemos que colocar los libros de una biblioteca. Cuando empezamos, los libros están todos revueltos en el suelo. Habría muchas formas de clasificarlos y colocarlos en su sitio. Una de ellas sería coger los libros uno a uno y colocar a cada uno en su lugar en el estante. Podríamos, por otra parte, coger del suelo varios libros y colocarlos en fila sobre un estante, para indicar simplemente que estos libros tienen que estar juntos en ese orden. Conforme vayamos ordenando la biblioteca, toda esa fila de libros tendrá que cambiar de lugar. Pero sería erróneo decir que, en consecuencia, el colocarlos juntos sobre un estante no fue una paso hacia el resultado final. De hecho, en este caso resulta bastante evidente que el haber colocado juntos los libros que deben estar juntos fue un resultado definitivo, aunque toda la fila que formaban tuviese que cambiarse de lugar. Pero alguno de los mayores logros en filosofía sólo podrían compararse con el hecho de coger algunos libros que parecían tener que estar juntos y colocarlos sobre estantes diferentes, no siendo definitivo sobre sus posiciones más que el hecho de que ya no están uno al lado del otro. El observador que no conoce la dificultad de la tarea es fácil que piense en tal caso que no se ha conseguido nada en absoluto. En filosofía, la dificultad estriba en no decir más de lo que sabemos. Por ejemplo, ver que cuando hemos colocado dos libros juntos en su orden adecuado, no por ello los hemos colocado en sus lugares definitivos." Wittgenstein Ludwig, *Los cuadernos azul y marrón*. Tecnos, 2007.

1.2

NO HAY QUE CONTROLARLO TODO. PRESENTAR Y NO REPRESENTAR

Almudena Ribot Manzano

1. Aprender a proyectar no es jugar a ser arquitectos, no está en resolver aparentemente todos los aspectos de un proyecto, no es producir proyectos totalizadores y acabados como si hubiéramos terminado con el problema. Las cosas no son lo que parecen.

2. En el mundo contemporáneo, en el que todo está ya desde el inicio, suena absurdo pensar que se aprende abarcando todo el proyecto. No se trata de resolver cada uno de sus puntos, se trata más bien de entender a qué naturaleza pertenecerían estos y por tanto cómo se deberían leer, cuando tuviesen que resolverse. Hoy admitimos que se puede proyectar un edificio sin controlar todas y cada una de sus partes y sin embargo, sí es muy importante conocer cómo es ese edificio, a qué realidad pertenece.

3. Aprendemos atomizando los problemas. El asunto está en ser consciente de la complejidad de la arquitectura y a la vez liberar al estudiante de la presión que supone el entender esa responsabilidad como un enfrentamiento a la totalidad. Aislar ciertos aspectos permite entender mejor la complejidad sin necesidad de recurrir a un reduccionismo de la globalidad que termina infantilizando la propia disciplina y empobreciendo los procesos de pensamiento.

4. Separar no significa simplificar, sino introducir intensidad en algunos asuntos, al ser más precisos podemos añadir complejidad. El procedimiento es único, por ejemplo trabajar sólo en planta y sección o trabajar sólo con los cortes de una máquina concreta, pero los documentos que se generan deben ser complejos y ambiciosos. Se trata de utilizar estos instrumentos para conocer sus propios mecanismos y diferencias, ayudarnos de este entendimiento parcial para ampliar las ideas y que estas no se queden en ocurrencias supuestamente originales. No nos interesan tanto las ideas como obtener recursos que permitan desbloquearlas, incrementar su capacidad para combinar niveles de información solapados, añadir nuevas condiciones arquitectónicas, articular unas y otras y, en definitiva, tomar decisiones.

5. Aislar procedimientos significa no cerrar el asunto. Ser conscientes de que nuestro trabajo forma parte del entramado de una red mayor y entender nuestro cometido como experimental, exploratorio, inacabado… no hay por qué abarcarlo todo.

6. La arquitectura necesita lo que denominamos sistemas de representación, es decir, dibujos y maquetas que representen lo que la arquitectura será cuando se construya. Sin embargo, ahora nos interesa trabajar la arquitectura desde sistemas que se presenten a sí mismos y no desde aquellos que intenten representar algo que, por experiencia sabemos, es difícil reducir a una serie de planos.

7. En las escuelas las reglas del juego tienen que ser otras que proponer una anticipación de la arquitectura. Nuestro esfuerzo no está en representar y describir una posible arquitectura sino en construir algunos objetos, concretos, específicos y físicos. Sabemos, por tanto, cual es nuestro objetivo y aunque no tenemos definido su funcionamiento, ni su forma, ni su tamaño, sí tenemos una idea de la realidad final, lo que hace todo más fácil.

8. Por ejemplo: "desarrollar un proyecto únicamente en una planta y una sección de gran tamaño".[1] Este enunciado contiene tres aspectos:

Tamaño: el que sean tan grandes ya las hace específicas, no sólo porque se salen de lo característico en la enseñanza de proyectos, que favorece el tamaño revistero, sino porque obliga a mucha mayor definición.

Unicidad: al ser sólo dos documentos es necesario plantearse cómo deben ser estos para que expliquen un proyecto, ¿tiene que ser una planta o una suma de plantas?, ¿es posible proponer una arquitectura con una sola sección?, ¿y hacer una sección que explique diferentes situaciones espaciales?

1. Trabajos realizados en la ud.25 Soriano junto a los profesores Federico Soriano, Pedro Urzaiz y Eduardo Arroyo.

Realidad física: los objetos resultantes, la planta y la sección, son ellos mismos concretos y tangibles. Proponen una situación arquitectónica pero no se preocupan de describir todos sus aspectos y tienen la suficiente entidad como para encontrar también el significado en sí mismos.

9. El trabajo que hemos desarrollado en CoLaboratorio[2] se puede sintetizar como "realizar un modelo colectivo con un determinado material y una máquina de corte concreta". Esto implica:

Concreción: reduce manipulaciones ya que, por ejemplo, el material propuesto sirve mejor para cortarse que para doblarse, tiene un límite de medidas, una cantidad determinada, etc.

Colectividad: obliga a tomar acuerdos de grupo, cuestiones de dimensiones y jerarquías, organización colectiva y necesidad de mantener comunicación.

Realidad física: el modelo proyectado no es una maqueta convencional porque no anticipa ninguna supuesta realidad posterior, se presenta a sí mismo, es un objeto real.

2. Trabajo realizado junto a los profesores Ignacio Borrego, Diego García-Setién y Javier García-Germán.

FORMACIÓN, COLABORACIÓN Y FABRICACIÓN DIGITAL

Ignacio Borrego Gómez-Pallete

Formación

Los nuevos medios digitales a nuestro alcance, no sólo suponen una revolución en nuestra manera de abordar nuestra disciplina, sino que su influencia cala ya en los propios métodos de transmisión de conocimientos y en la formación de los futuros arquitectos.

La institucionalización de la enseñanza de la Arquitectura se produjo con la fundación de la École des Beaux-Arts en 1671 en Paris. En poco tiempo, como consecuencia de la revolución industrial, que exigía la preparación masiva de profesionales, se invirtió el orden tradicional praxis-teoría. Hasta entonces la comunicación entre el maestro y el aprendiz se producía a través de la experiencia directa en la construcción, y la teoría se iba afianzando sobre un conocimiento amplio de la realidad. La formación académica convencional actual implica, tras varios años de aproximación teórica, un encuentro con una realidad desconocida para el nuevo arquitecto, y cada día más compleja.

Sin embargo el nuevo flujo de información y los medios digitales de fabricación, que permiten estrechar la distancia entre la creación y la construcción pueden ser las herramientas que vinculen de nuevo la formación con la experiencia directa.

Un nuevo acercamiento pedagógico en el que los productos no son representaciones a escala real, sino modelos finales en sí mismos, conlleva la introducción de una variable que generalmente queda minimizada en entornos académicos, el error.

La desviación será inversamente proporcional a la precisión de los procesos de materialización empleados, pero siempre estará presente si el objetivo exige testar las instrucciones programadas y verificar su viabilidad. La necesidad de alcanzar un producto construido exige manejar cuestiones de compatibilidad, prueba, tolerancia, y error.

Colaboración

La inteligencia humana se ha alimentado de forma eficaz por un lado a través de sus propias experiencias, y por otro a través del aprendizaje de las experiencias anteriores de otros individuos. La transmisión del saber ha seguido hasta hace poco un flujo esencialmente vertical de generación en generación.

La capacidad actual de colgarnos de amplias y ágiles redes de conocimiento,[1] ha producido una transmisión horizontal del conocimiento, llevando a la colaboración a unos niveles de eficacia inéditos.

La velocidad de propagación del conocimiento ha alcanzado una envergadura, que ya no se concibe una investigación hermética y lineal, sino que la interacción e intercambio entre diferentes grupos con intereses similares produce un incremento exponencial de los hallazgos y la resolución de los problemas.

En esta nueva era de la información se pone de manifiesto la importancia de la colaboración, de la puesta en común, del dialogo y de la negociación. Intuyo y constato el potencial de la colaboración a cualquier escala organizativa.

Fabricación

La invención de la imprenta supuso una fractura en la historia de la transmisión del conocimiento. La posibilidad de realizar ilimitadas ediciones en un tiempo muy reducido alteró completamente el sistema de difusión. De forma análoga, y tres siglos después, la revolución industrial supuso un cambio trascendental en los procesos de producción y construcción.

Ambas actividades catárticas, la impresión y la fabricación, supusieron el arranque de una nueva era de democratización de la producción, y desde un principio nacieron bajo la batuta de la repetición y la seriación como condicionantes necesarios de supervivencia.

Actualmente nos encontramos en un momento en el que la digitalización ha permitido liberar completamente a la impresión de sus lastres originales poniendo dispositivos al alcance del usuario que permiten realizar cualquier tipo de copia, dentro del formato previsto, en pocos segundos independientemente de su contenido.

1. Picon ,Antoine, "Architecture Science, technology and the virtual realm", en Picon, Antoine y Ponte, Alessandra (eds.), *Architecture and the sciences: Exchanging metaphors*, Princeton, Architectural Press, Nueva York, 2003, pp. 293-313.

En el caso de la fabricación, las posibilidades técnicas actuales abren, del mismo modo, la posibilidad de realizar piezas diversas, dentro del formato previsto, y superando los condicionantes tradicionales de estandarización.

El movimiento moderno proponía un isomorfismo[2] en el diseño que llega hasta nuestros días como un condicionante intelectual y técnicamente superado, pero difícilmente soslayable en la práctica profesional debido a la falta del desarrollo e implantación de los procesos de fabricación digitales. Sin embargo, la incipiente proliferación de las máquinas digitales de fabricación en el mercado requiere que sus nuevas reglas de juego se generalicen hasta llegar a determinar los procesos de diseño, en base a versiones y variaciones.[3]

Las nuevas formas de fabricación informatizada permiten integrar en el proceso de diseño todos los aspectos del proceso constructivo, haciendo relevantes las siguientes cuestiones: las propiedades del material (sus características físicas de densidad, resistencia, flexibilidad, fragilidad, desgaste, etc...), las condiciones de fabricación y suministro del material empleado (sus dimensiones máximas de fabricación, panelado, formatos, acabados, etc...); el propio proceso de fabricación (características de la maquinaria CNC, ensamblaje, tiempo, etc...); la puesta en obra (transporte, manipulación, colocación, estabilidad, compatibilidad, etc...) y su futuro desmantelamiento (peso, desmontaje de elementos, reciclabilidad, etc...).

No se trata de una transición ideal, sino de una combinación compleja e interesante entre la definición geométrica abstracta y la materialización concreta con todas sus desviaciones e imperfecciones.

La presencia de estos parámetros se incrementa progresivamente y pronto determinará completamente nuestro contexto tecnológico. Por ello su investigación supone no sólo una oportunidad, sino una necesidad.

2. Allen, Stan "Teminal velocities: The computer in the design studio", en *Practice: Architecture, technique and representation (Critical voices in art theory & culture)*, Routledge, Londres, 2000, pp. 242-245.
3. El impacto de las tecnologías de la información y la comunicación en la Arquitectura, ha sido recogido a través de diferentes artículos en la siguiente edición: Ortega, Lluis (ed.), *La digitalización toma el mando*, Compendios de Arquitectura Contemporánea, Editorial Gustavo Gili, Barcelona 2009, como una superación de la limitación de la seriación productiva de la industria mecanizada de Sigfried Gideon: Gideon, Sigfried, *Mechanization takes command*, W.W. Norton, Nueva York, 1969 (versión castellana, *La mecanización toma el mando*, Editorial Gustavo Gili, Barcelona 1978) para manifestar la ambición de recuperar la personalización de la producción, desde los nuevos medios digitales.

1.4

SOBRE EL COLABORATORIO O ACERCA DEL POTENCIAL DE LAS HERRAMIENTAS DIGITALES PARA INTEGRAR EL MODELADO CON LA FABRICACIÓN [1]

Javier García-Germán Trujeda

1. Las ideas contenidas en este artículo se pueden extender leyendo los libros *Refabricating Architecture* de Stephen Kieran y James Timberlake (2004 MacGraw-Hill, New York), *From Control to Design* editado por Michael Meredith (2008 Actar, Barcelona) y los numerosos artículos incluidos en *La Digitalización toma el mando* editado por Lluis Ortega (2009 Gustavo Gili, Barcelona).

1. Hasta hace relativamente poco tiempo, lo digital en la arquitectura ha estado marcado por un interés desmesurado por la forma. Las nuevas herramientas digitales —como los programas de modelado paramétrico— posibilitaron un control inédito sobre las geometrías complejas, alimentando una exploración acrítica de las superficies continuas y las morfologías biomórficas que ha carecido de cualquier tipo de contenido acerca de otros asuntos no menos importantes, como era la materialización de esas mismas estructuras.

Si la primera generación de herramientas digitales permitió a los arquitectos explorar nuevos procesos proyectuales y nuevas formas, ahora entramos en otra fase de consolidación y extensión de las posibilidades de lo digital. La aparición de una nueva generación de herramientas posibilita que estos procesos proyectuales puedan ser materializados, ofreciendo programas que permiten transferir a la fabricación el mismo control y precisión con el que han sido previamente proyectados.

Es en este contexto en el que se enmarca el trabajo planteado en el CoLaboratorio, como un lugar en el que superar la fascinación de la cultura digital por la complejidad formal tratando de establecer una relación directa entre las herramientas de proyecto y las herramientas de fabricación. Es por tanto uno de los objetivos del CoLaboratorio explotar la capacidad de las nuevas tecnologías digitales para redefinir la manera en la que la arquitectura puede ser proyectada y fabricada, vinculando de este modo la fase CAD de proceso de diseño (información), con la fase CAM de implementación y construcción (materia y energía).

2. Por *representación* se entiende la posibilidad de definir un objeto mediante otro que reproduce al original. En el proceso de producción de un objeto, la representación facilita la información necesaria que hace posible su construcción. La representación es la herramienta fundamental de la arquitectura, tratándose de una metodología bidimensional (plantas, secciones, alzados, detalles) que por otro lado resulta incompleta y sesgada respecto de la complejidad del objeto a construir.

Frente a un objeto representado, las herramientas digitales permiten que un objeto pueda ser simulado. La *simulación* plantea una estructura reguladora tridimensional completa que, en lugar de constituir una representación, propone un modelo real total en el que se detallan todas y cada una de sus partes —incluyendo todas sus especificaciones— y sus relaciones respecto del resto de las partes. Además, la información contenida en una simulación no se limita a las dimensiones y posición de cada una de sus partes sino que también da datos relativos al tipo de material, el peso, la resistencia, el precio, el fabricante o la posición en el proceso de fabricación, información que posibilita el control total e integrado de su diseño, fabricación, uso y posterior desmontaje.

Es otro de los objetivos del CoLaboratorio aprovechar las posibilidades inherentes a la simulación que ofrecen las herramientas digitales. La simulación ha posibilitado trabajar cada una de las estructuras propuestas en el CoLaboratorio mediante un modelo virtual, entendiendo y visualizando cada una de sus piezas y la conexión con las piezas que la rodean con gran precisión. Mediante estos modelos se ha incrementando el control sobre asuntos como la optimización de recursos materiales y energéticos o los tiempos de ejecución sin necesidad de realizar maquetas de prueba. Además estos modelos han jugado un papel fundamental para integrar los procesos de proyecto y construcción, desapareciendo cualquier diferencia entre el modelo virtual digital y el modelo real finalmente construido.

3. El empleo de las herramientas digitales ofrece otras oportunidades como es el trabajo colaborativo en red —que posibilita nuevos modos de ejercicio profesional— o la posibilidad de integrar en el proceso de proyecto una multiplicidad de variables y de trabajar con ellas simultáneamente. Estos dos asuntos son algunas de las posibilidades que el futuro desarrollo del CoLaboratorio puede explorar.

En la actualidad el diseño y la construcción constituyen procesos lineales, en los que los distintos agentes implicados conforman compartimentos estancos entre los que existe poca interacción, y dónde la norma es la segregación de la inteligencia y de la información. Sin embargo las herramientas digitales ofrecen la oportunidad de acabar con esta separación, integrando la inteligencia colectiva y las estructuras de producción en un único proceso no jerárquico en el que intervengan distintos agentes de modo simultáneo.[2] Trabajar con un modelo paramétrico permite que diferentes agentes con distintas formaciones y capacidades trabajen de modo simultáneo, combinando sus conocimientos individuales en la construcción colectiva de una única pieza. Como los modelos paramétricos no están basados en relaciones cuantitativas sino en relaciones cualitativas entre objetos, posibilitan que los cambios realizados por los distintos agentes que participan en el diseño del sistema se propaguen a lo largo del mismo, actualizando de modo inmediato las variaciones individuales a la totalidad del sistema.

Hasta ahora el diseño paramétrico se ha empleado de modo superficial para el diseño formal y constructivo de elementos como fachadas, de modo que con muy pocos parámetros de partida se obtenga una multiplicidad de variaciones produciendo una falsa imagen de complejidad. Sin embargo otra de las oportunidades que ofrece el modelado paramétrico es el de trabajar de modo real con la complejidad, ofreciendo la posibilidad de proyectar sistemas de organización capaces de integrar una multiplicidad de parámetros y de relaciones —integrando solicitaciones tipológicas, programáticas, contextuales o procesos colaborativos— y de trabajar simultáneamente con todos ellos. Cuanto más multivalente un sistema es, más conectado, inclusivo, adaptativo y complejo será, dotándolo de la dimensión socio-política de la que hasta ahora ha carecido.

2. Colaboratorio designa un centro de investigación distribuido. Al explotar las tecnologías de la información y la comunicación, el CoLaboratorio permite a los investigadores trabajar juntos en un mismo proyecto, aunque que se hallen muy lejos unos de otros. El concepto de CoLaboratorio, fue acuñado por Koichirō Matsuura Director General de la Unesco, al presentar el *Informe mundial: Hacia las sociedades del conocimiento* de este organismo. CoLaboratorio surge de la combinación de las palabras colaboración y laboratorio. Es un 'centro sin paredes', un punto de encuentro abierto a académicos, investigadores, estudiantes y público en general interesado en la conformación de espacios de aprendizaje en red, flexibles y participativos.
Un CoLaboratorio es la más fiel representación de la tecnología social en la cual el conocimiento humano potencia sus capacidades hasta multiplicarse de manera ilimitada al expandirse a través de las tecnologías digitales de interacción. El mejor ejemplo de un CoLaboratorio es un repositorio. Se plantea como una manera de aprovechar las tecnologías interactivas para generar y compartir el conocimiento sin las restricciones geográficas y temporales. Ya que la posibilidad de dar o recibir datos, información y conocimiento es permanente, a cualquier hora y desde cualquier lugar que exista conexión a la red.

1.5

PERSONALIZACIÓN EN SERIE, INTELIGENCIA COLABORATIVA Y PROTOTIPADO

Diego García-Setién Terol

Han pasado 100 años desde que Henry Ford revolucionara la producción industrial con su *cadena de montaje* para el modelo T. Cada operario realizaba una sola acción especializada y repetitiva en su puesto fijo, según pasaba cada ejemplar idéntico de Ford T sobre una cinta móvil. Se asumían los *Principios de la organización científica del trabajo* (F. W. Taylor, 1911), discriminando, cuantificando y cronometrando cada movimiento elemental del obrero, para crear una secuencia de trabajo óptima que minimizase el tiempo, reduciendo también el coste final del producto, dando lugar a la motorización de la sociedad norteamericana (incluyendo a los obreros de Ford). Para reducir al máximo su precio final, se minimizaron también las calidades, la diversidad y la complejidad.[1] En 20 años, se vendieron millones de copias del mismo coche.

Con el Taylorismo se implantó en la industria moderna la doctrina de los grandes números, las grandes series, la repetición de acciones y el máximo rendimiento de la hora-hombre. Eran tiempos modernos de producción en masa [*mass production*] de grandes series de objetos idénticos.

Hoy los mercados han cambiado, la *calidad, diversidad, individualidad,* son signos de nuestro tiempo; la introducción de la informática ha transformado la producción industrial, en especial las aplicaciones CAD/CAM basados en CNC,[2] series de códigos numéricos, que controlan las tareas de las herramientas, que han tenido un gran impacto en la productividad y en la reducción costes de diseño y prototipado, eliminando errores del operador y reduciendo la mano de obra.

1. "Any customer can have a car painted any colo(u)r that he wants so long as it is black". Henry Ford, *My life and work*, 1923.
2. CAD-CAM: Computer Aided Design-Computer Aided Manufacture. CNC: Computer Numeric Control.

La producción 'personalizada en serie' [*mass-customization*][3] es el nuevo paradigma de una industria que busca siempre fórmulas más flexibles para sobrevivir y atender la diversidad de demanda del mercado, manteniendo la competitividad de la producción. Para ello se han implementado sistemas flexibles de gestión informática y una fabricación cada vez más *automatizada*, que permiten combinar los costes unitarios reducidos de la producción en masa, y la flexibilidad y calidad de la personalización individual.

En 1984, Michael Dell comenzó a vender ordenadores compatibles con IBM-PC, construidos con componentes de catálogo de distintos fabricantes, convencido de que con la venta directa, atendería mejor las necesidades de los clientes. En 1985 produjo su primer ordenador (*Turbo*) para su venta bajo pedido, con un ensamblaje personalizado de cada unidad de acuerdo a opciones, y todo a menor precio que los minoristas, con la ventaja de la personalización. Hoy Dell domina el PC de venta directa y es el 2° mayor fabricante del mundo.

Esta es también la tendencia en la industria automovilística, náutica, aeronáutica o aeroespacial: fragmentar el producto final en partes, módulos o componentes, para a través de un modelo de gestión basado en la *Cadena de Suministros*, convertirse en un ensamblador de las partes que responden exactamente a cada pedido, reduciendo el stock, aumentando la calidad, y reduciendo costes y tiempos de producción. La figura del *Ingeniero de Procesos*[4] es clave para optimizar e invertir la ecuación $P \times Q > C \times T$, que en Arquitectura sigue funcionando de modo inverso ($P \times Q = C \times T$).

Este nuevo modelo de trabajo, acaba con la segregación entre los que diseñan y los que fabrican, acaba con la estructura jerárquica, lineal y secuencial, para basarse en un modelo fragmentado en el que los problemas se aíslan para resolverse individual y colectivamente a la vez. Para ello son necesarias determinadas herramientas de información y comunicación que permitan un desarrollo interactivo del trabajo, aprovechando la *inteligencia colectiva*, que surge de la colaboración y

3. *Mass customization* o la "personalización en serie", se atribuye a Stan Davis, *Future Perfect*. Addison Wesley Reading, MA. 1996.
4. *Process Engineering. Refabricating Architecture.* S. Kieran, J. Timberlake. MacGraw-Hill, NY 2004. p. 3-23. P: producción; Q: calidad; C: coste; T: tiempo.

concurso de varios individuos. La *inteligencia colaborativa* es un tipo de
la anterior, y su producto final, deriva de las acciones de un grupo de
personas que interactúan entre sí, nutriéndose del trabajo colectivo
[*crowdsourcing*]. Wikipedia o Worthidea, representan el ejemplo para-
digmático de inteligencia colaborativa en el universo de la Web 2.0.[5]
Un CoLaboratorio sería el espacio virtual en el que depositar esa
inteligencia colectiva. Un espacio de innovación en red, flexible y
participativo, basado en la reciprocidad, para construir mapas de
conocimiento colectivo en permanente desarrollo. Es un entorno pro-
picio para promover la *intercreatividad*, concepto adaptado al contexto
digital, que permite el intercambio formal e informal de conocimiento,
aprovechando las tecnologías interactivas.

En 2011 concluirán las obras en la Estación Espacial Internacional
[ISS] tras 13 años de montaje y 5 de planificación. Es un perfecto ejemplo de producto colaborativo, a partir de la experiencia de 5 Agencias,[6]
para el que se han re-integrado 4 estaciones ya proyectadas para via-
jar al espacio: la MIR-2 rusa, la USA-SS Freedom, la Columbus (UE)
y la Japan Experimental Module. Hoy se encuentra en órbita terrestre
a 278-460Km y cuenta con mil m^3 habitables presurizados, pesa 400t
y consume 100Kw de energía, para alojar 6 tripulantes por año en una
vida útil de 10 años mínimo. Su construcción se planteó por fases y de
manera modular, construyendo cada módulo en Tierra y elevándolo
al espacio para su ensamblaje. Fue necesario establecer un plan y un
proyecto colaborativo con protocolos técnicos de compatibilidad entre
los módulos fabricados simultáneamente en diferentes lugares. Su
transporte al espacio se hizo desde distintos puntos para ser ensamblados en órbita sin pre-ensamblaje en Tierra, valiéndose de la simulación informática y la coordinación mediante TICs.

Fueron necesarios 30 transportes espaciales, 10 misiones tripuladas,
30 de provisión logística y 90 paseos espaciales para tareas de montaje. La ISS está formada por 3 módulos-nodo, 11 módulos permanentes

5. Serie de aplicaciones y páginas de internet que utilizan inteligencia colectiva para proporcionar
servicios interactivos en red dando al usuario el control.
6. NASA (EEUU), la Agencia Espacial Federal Rusa (Rusia), la Agencia Japonesa de Exploración
Espacial, la Agencia Espacial Canadiense, la Agencia Espacial Brasileña y la Agencia Espacial
Europea (15).

(74m de largo), y una viga de 110m para los paneles fotovoltaicos, además de otros 7 elementos no permanentes (transbordadores y módulos multi-funcionales). La ISS es un sistema modular situado en órbita, fruto de un trabajo y estructura colaborativos, que puede servir bien como modelo de trabajo en el CoLaboratorio 2009.

Un *modelo* es una representación abstracta, gráfica, física o matemática, de fenómenos, sistemas o procesos, para analizarlos, describirlos, simularlos, controlarlos, o predecirlos. Son parte esencial de toda actividad científica [la Teoría de Modelos, estudia la representación de conceptos matemáticos, según la Teoría de Conjuntos (1874, G. Cantor)].

Desde que se definió un *sistema* como 'una totalidad que implica la no-aditividad, en la que sus componentes y propiedades, sólo pueden comprenderse como funciones del sistema total' sabemos que *el todo constituye más que la simple suma de sus partes*, ya que en toda organización interdependiente, la conducta y expresión de cada parte, influye y es influida por todas las demás, al estar en interacción dinámica en función de la finalidad del sistema. El estudio de los sistemas abiertos en la *Teoría General de Sistemas* (TGS, L. von Bertalanffy 1937-40s-69) dio paso a la Cibernética (1950), a la Teoría de Catástrofes (1970), a la Teoría del Caos (1980) y desde 1990, a la Ciencia de la Complejidad, que trata de describir la emergencia, adaptación, auto-similaridad y auto-organización de los *Sistemas Adaptativos Complejos* (CAS), caracterizados por la diversidad de su composición, al estar conformados por múltiples elementos interconectados, y por tener la capacidad de cambiar y aprender de su propia experiencia.

Tomando esto como desencadenante y reto intelectual, surgió el CoLaboratorio etsam '09, que pretendía hacer una incursión en el uso de herramientas de fabricación digital y el software de diseño paramétrico tridimensional con el que simular los modelos. A la demanda de fabricación de un modelo colectivo y simultáneo, cada individuo propuso una *plantilla*[7] que le permitiría construir un esquema proyectado, con un resultado entre estructura y contenido. La plantilla servía como muestra-base de una entidad múltiple y diversa, con características y

7. Útil empleado por la industria para agilizar la re-producción de objetos idénticos o casi idénticos

elementos comunes, o dicho de otro modo, constituía un *patrón*[8] pues
definía una posible solución probada y correcta para un problema de
diseño, dentro de un contexto dado, y describía las cualidades inva-
riantes de todas las soluciones, pudiendo ser reutilizada y aplicable a
diferentes problemas de diseño en otras circunstancias. Aprehendi-
dos los patrones, se produjo un *prototipo colectivo*, un objeto diseñado
y fabricado digitalmente a partir de plantillas, que estaba dividido en 12
partes o módulos tridimensionales.

La totalidad de las partes se ensamblaron sólo al final del proceso, de
manera simultánea y no jerárquica, gracias a un despiece o estereoto-
mía del modelo, dados al inicio. La construcción del modelo mediante software 3D, permitía simularlo, comprobando la compatibilidad
geométrica, detectando errores y permitiendo incorporar mejoras,
antes de iniciar el proceso de fabricación digital con la máquina de
corte láser 2D.

Profesores y alumnos trabajaron de modo colaborativo, explotando las
propiedades del material (cartón tricapa FB1-300g), y el potencial de la
máquina (Trotec Seedy 100R). Se dedujeron importantes conclusiones
sobre su rendimiento y aprovechamiento, surgieron nuevas preguntas
y aprendimos de los errores, esenciales en todo proceso formativo.

*[El autor se ha valido de la enciclopedia abierta y colaborativa
<www.wikipedia.org>, para el 81% del contenido de este texto.]*

---

8. Conjunto de reglas que pueden ser usadas para generar entidades o partes de entidades.
C. Alexander. *A Pattern Language*, 1977.

1.6

HÍBRIDOS URBANOS PROGRAMADOS

Sergio del Castillo y María Hernández

Nuevas herramientas que apuestan por la complejidad y la complementariedad como respuestas flexibles a los problemas urbanos frente a la planificación especuladora impuesta *a priori*. Visión de la ciudad como lugar de encuentro entre intereses y de la arquitectura como árbitro entre ellos.

Los sistemas de desarrollo y regeneración urbanos apuntan hacia entornos de encuentro entre varias disciplinas que trabajen simultáneamente sobre el mismo objetivo: proyectar desde el consenso entre agentes y recursos y usuarios. Desde esta perspectiva, "HURBS" (sistema híbrido bidireccional relacional entre intereses humanos y urbanos), promueve la creación de un experimento participativo con el fin de desarrollar un sistema de información y proyecto en el que los ciudadanos y expertos trabajan juntos para desarrollar ciudades a través de soluciones que optimizan los recursos, apoyando la visión de una ciudad como una estructura que es continuamente re-informada a través de sistemas de gestión digital *"open source"* y de acceso público, en cada fase de ideación, nunca imponiendo sino sugiriendo estados en cada fase. Este sistema produce ciudades sostenibles desde el punto de vista económico, sociológico y medioambiental.

Las nuevas especies resultantes, *Híbridos prototipos*, son capaces de adaptarse a cada condición y necesidades edificatorias de fase, y una vez materializados vuelven a re-informar las condiciones de contorno para el siguiente híbrido.

DIRECTRICES DEL SISTEMA

a. Crecimiento No Especulativo, adaptativo, que evita la imposición de un trazado apriorístico unilateral, que no tenga en cuenta las opiniones de los colectivos involucrados.

b. Hibridación y mezcla en espacios, ambientes, usos, capaz de generar el soporte para que se desarrolle tejido social complejo. Procurando que la ciudad se adapte a la sociedad y no al revés.

c. Anti-suburbanización. La suburbanización genera ciudades extensivas que malgastan gran cantidad de recursos. HURBS propone un protocolo de densificación progresiva de ciudad que optimice el uso del suelo mediante la mezcla de diferentes concentraciones variables según usos y usuarios sobre el mismo contenedor de programa ampliable o reducible según escalas A-B-C.

d. Anti-superinfraestructuralización. Infraestructuras adaptativas que no aíslan en sectores pensados solo para el tráfico rodado, sino creadas como reflejo de un tejido social mejor conectado, lo que reduce el consumo de energía y favorece las relaciones sociales con lugares de encuentro.

e. Anti-zoning, para evitar *ghettos*. Favorecer el intercambio social y permitir que la ciudad este activa las 24 horas para conseguir la máxima eficiencia. Los híbridos resultantes serán materializados con la mínima inercia al cambio posible.

f. Complejidad. Tres objetivos: Eficiencia como cantidad de recursos necesarios para soportar una cierta organización urbana; Complejidad como la medida de información útil organizada para desarrollar un tejido social; y Compacidad como densidad edilicia relativa a el consumo de suelo.

g. Sistema Emergente (Flexible y Perfeccionable en el tiempo). Adaptándose a las nuevas circunstancias re-informadas por fase.

h. Desarrollo Participativo por Fases. Una vez concluida una fase, la siguiente considera la previa como preexistencia en el contexto actualizado, del modo que responda a las necesidades reales de los colectivos de la ciudad, siendo capaz de absorber los cambios no previstos en anteriores estados.

1.7

"ALUMNOBOTS"

Manuel Collado

El perfil del alumno del siglo XXI pasa necesariamente por ser biónico, este concepto está directamente relacionado con la fusión de la máquina y los sistemas de pensamiento y producción de los proyectos arquitectónicos.

Durante estos últimos años se ha provocado un desplazamiento observando que la evolución de los formatos de visualización clásicos del proyecto y sus "salidas gráficas" ofrecían una cierta resistencia a la comunicación pública de resultados y conceptos arquitectónicos, debido fundamentalmente a la sobreexplotación del formato papel que implicaba siempre un gran nivel de abstracción.

Se hace necesaria la escenificación de los resultados mediante la construcción de unos "escenarios/máquinas" que ofrezcan una dimensión fenomenológica/expositiva para ayudar a reconstruir tanto los enunciados como las propuestas.

Por lo tanto nos enfrentamos al problema de la construcción de prototipos escala 1/1 con limitaciones materiales y presupuestarias, pero que necesariamente tienen que incorporar protocolos visuales y digitales tanto en su construcción como en su escenificación.

Hay que añadir además a su ADN conceptos importantes inherentes a la cibernética como la monitorización, o la capacidad de producir y experimentar sensaciones en tiempo real.

Para conseguirlo los alumnos deberán establecer conexiones con expertos en programación, o en la producción de cualquiera de sus componentes, la escasez de recursos hará probablemente que la esponsorización se convierta en una vía de financiación eficaz para involucrar empresas y universidad. El éxito de los resultados desarrollados en algunos cursos y talleres experimentales, dónde unas máquinas/escenario muy inmersivas han permitido explicar ante un público no experto conceptos y enunciados proyectuales con un alto nivel de abstracción, nos hace pensar que el futuro de la comunicación de los proyectos pasará necesariamente por estos formatos con alumnos biónicos al mando, permitiendo una mayor interacción entre universidad y sociedad.

Si una máquina, un Terminador, es capaz de aprender el valor de la vida humana, tal vez nosotros también podamos.

Terminator 2: El juicio final. James Cameron

1.8

ZIPZIP

Rodrigo García

Zipzip es un sistema que permite realizar edificaciones desplegables de gran altura. Está formado por una estructura de pares de barras, transportable, que una vez desplegada es completada con distintos elementos constructivos generando espacios habitables.

La principal ventaja de estas edificaciones es su rapidez de montaje y desmontaje, permitiendo la reutilización de un mismo edificio en varios contextos. Esta característica hace posible, un aumento de densidad temporal en núcleos urbanos ya consolidados ante una demanda puntual, como pueden ser eventos deportivos, culturales o temporada turística de alta ocupación. Además posibilita el alquiler o intercambio de infraestructuras "movilizando" el actual mercado inmobiliario.

Zipzip es el resultado de una investigación que consiste en la búsqueda, desarrollo y optimización de estructuras formadas por pares de barras articulados. Primero, mediante un proceso de ingeniería inversa, se analizaron diversas referencias existentes, la mayoría de ellas desplegables horizontalmente. Posteriormente se empezó a trabajar sobre prototipos explorando las posibilidades existentes de que estas estructuras pudiesen desplegarse también en una tercera dimensión, logrando finalmente una estructura que se desarrolla tanto horizontal como verticalmente.

El segundo punto de trabajo fue el dotar a la estructura desplegable de rigidez sin recurrir a elementos externos, en otras palabras, como convertir un mecanismo en una estructura autolimitando sus grados de libertad. La solución es sencilla, consiste en que el conjunto de los pares de barras se desplieguen sobre si mismos radialmente hasta que sus extremos se unan, el conjunto se autotriangule y así adquiera rigidez.

La tercera innovación sobre las estructuras ya existentes es que se crea un sistema repetitivo y de carácter fractal, ya que puede contener subestructuras de distintas escalas que se unen a la estructura principal y se despliegan conjuntamente.

Tras el trabajo con prototipos se propone aplicando el sistema Zipzip en un supuesto práctico con unas necesidades funcionales concretas: un edificio en altura que contiene equipamientos, oficinas y alojamientos temporales para trabajadores de ACS, que se instalara en las embocaduras de los túneles del AVE que se encuentran en construcción

y se ira trasladando a medida que las obras avanzan. El resultado es
una torre de una altura de 38 metros y con unas dimensiones en planta
de 18×15,6 metros. Formada por un total de 734 barras y 1167 nudos,
a pesar de tal cantidad solo existen 6 tipos distintos lo que facilita su
industrialización. El material utilizado es aluminio y el peso total de la
estructura es de 147.325 kg. Desplegada se convierte en un edificio de
11 plantas con una superficie útil de 210,44m² por planta, mientras que
plegada es un paquete de 5,46 x 8,12 × 4,82 m lo que supone una reducción del 78% en superficie en planta y un 97% en volumen.

3 ONE (3 CIUDADES EN UNA, EN 3D)
La ciudad rascacielos frente a la ciudad de los rascacielos

José Miguel de Prada Poole

Conceptos:

a. Utopía: Ciudad – Edificio o Edificio – Ciudad.

b. *Continuidad:* Sin disrupciones ni interferencias. *El Espacio Público es continuo en sus seis direcciones. El Espacio Privado también.*

c. Ciudad Paisaje o Ciudad Verde.

La ciudad ancestralmente esclavizada por el suelo, y depredadora del mismo, finalmente se libera de él convirtiéndolo en parque. La vegetación trepa por sus fachadas e inunda sus cubiertas dando lugar a una forma simbiótica de vida. La vegetación dulcifica y limpia el clima de la ciudad y la ciudad cuida de la vegetación secretando naturaleza dentro de ella y a su alrededor. Ciudad y naturaleza dejan de ser enemigas irreconciliables.

Esta ciudad se concibe con unos límites y dimensiones fijas. Ello elimina la mayor parte de sus problemas de tráfico, abastecimiento, consumo, etc. (Una ciudad sin límites es un problema sin solución).

La ciudad está formada por tres grupos de estructuras urbanas, independientes pero interconectadas que se cruzan entre sí, y que a su vez tienen estructuras administrativas independientes.

Una conurbación de este tipo, dará lugar a un grupo de ciudades, asociadas o independientes, que se supone que tienen algún objetivo común.

Todo ello se ha hecho posible gracias al conocimiento de la geometría espacial que se ocupa de los grupos de formas tridimensionales, y las relaciones que establecen entre sí los miembros de cada grupo, a través de esa rara disciplina denominada Morfología.

Nota: En un volumen de 1.200 m. × 1.200 m. × 312 m. de altura, vive, trabaja, descansa y se divierten 1.600.000 personas (200.000 personas/módulo). Las calles son todas interiores, climatizadas, peatonales, y dotadas de aceras rodantes.

1.10

ERRAR

Almudena Ribot Manzano

Dos cosas nos ha suscitado CoLaboratorio 2010: recordarnos que el tamaño es importante y que los errores son inventivos.

Ambas cuestiones, tamaño y error, se relacionan y se enredan.

Podría ser: El cambio de tamaño es el que produce los errores. Desde el punto de vista estructural y constructivo en los prototipos industriales la complejidad es exponencial. Desde esos aspectos el tamaño importa y mucho.

Al contrario sería: Los errores se admiten y por eso se acometen empresas de esa envergadura. En este sentido el tamaño no importa tanto como el riesgo al cambiar los parámetros... eso es lo que importaría.

....

En la fabricación de prototipos cometer errores está tradicionalmente asumido. En informática el término beta se utiliza para indicar la primera versión de un programa, aquella que tiene que ser testada y mejorada.

Cambiar de tamaño en unas investigaciones sobre prototipos no es lo mismo que decidir la escala que va a tener la maqueta de un proyecto convencional. Aquí el tamaño si importa. Al aumentar un objeto se amplía el grado de complejidad en el proceso de proyecto y en la fabricación del mismo. Se debe pensar con otras herramientas: otras máquinas con las que ensayar, otros materiales a probar, otro número de maquetas previas a realizar... Se fabrica también de otra manera: procedimientos constructivos más complejos, más medios auxiliares, lugares para la experimentación más amplios.

Tradicionalmente ha habido libros de instrucciones "antes de abrir el aparato lea atentamente estas instrucciones" o incluso mandatos "la empresa no se hace responsable del aparato si no se han seguido estrictamente las instrucciones de este documento". Sin embargo, aprender un programa informático es usarlo y las empresas no nos hacen responsables de ello.

Nuestros modelos se parecen más a programas beta que a libros de instrucciones.

....

Hablar de modelos es más difícil que hacerlo de prototipos. Los prototipos van en serie, camino de un objeto perfecto. Los modelos no tanto, no siguen necesariamente un camino lineal, pueden no encaminarse a una realidad posterior y saltar de modelo a modelo. Pueden ser también modelos de reflexión, modelos de comportamiento o de situación. Los modelos son parte de la realidad, son coproductores de la realidad.[1]

CoLaboratorio es un proyecto a largo plazo, abierto y en permanente prueba y error. La exposición no es el resultado de un proceso, no es un final feliz, y tampoco es un *work in progress*, un momento congelado en espera de otro posterior, sino que se trata más bien de un lugar de producción. Sacamos el taller. Fuera.

En resumen:

Modelos Colab ⟶	Maqueta Arq.
Expo Colab ⟶	Expo Resultado

....

El error tiene que ver con la incertidumbre en la que nos movemos en la vida contemporánea. Es puritano pensar que se tienen que realizar cosas dogmáticamente perfectas en una sociedad que no tiene firme. En situaciones tan precarias se dan respuestas instantáneas y transitorias. Es hora de cambiar de actitud: *valorar lo circunstancial, lo móvil y lo coyuntural.*

> "A la precarización de nuestra experiencia, opongamos un pensamiento decididamente precario, que se inserte e inocule en las redes mismas que nos ahogan".[2]

Error no es fracaso. En CoLaboratorio no usamos palabras tan grandes, lastran mucho. Tampoco tiene nada que ver con frustrante, ni siquiera con equívoco. Pensamos más bien en palabras como traspiés. Nos interesa sobre todo errata y por eso también errante.

Pongamos el error en el mismo plano que las cosas bien hechas. Simplemente eso. Si hablamos diferente pensaremos diferente. Si lo

---

1. Para ampliar la idea de modelo leer ELIASSON, Olafur, *Los modelos son reales.* GG mínima 2007.
2. BOURRIAUD, Nicolás. *Radicante.* Adriana Hidalgo edit. 2009.

consideramos como parte de la producción actual dejará de ser un impedimento y pasará a ser parte del sistema cultural, parte de nuestra caja de herramientas.

"Un calcetín rojo en una caja amarilla. Hice una primera versión a la que llamé 'bien hecha': las dimensiones del calcetín rojo se correspondían con las de la caja, pintada cuidadosamente de amarillo. Y después hice una versión a la que llamé 'mal hecha': ya no me preocupaba saber si las proporciones se correspondían o si el color estaba bien aplicado. Y a continuación hice una versión 'sin hacer': tan solo el concepto. En ella aparecía escrito 'calcetín rojo en una caja amarilla'. Después, cogí esos tres elementos y los puse juntos en una tabla. Bien hecho, mal hecho y sin hacer. Y consideré el grupo de esos tres elementos como 'bien hecho'. Volví a hacerlo una vez más 'mal hecho' y una tercera vez 'sin hacer'."[3]

....

Nothing's impossible I have found,
For when my chin is on the ground,
I pick myself up,
Dust myself off,
Start All over again.[4]

....

Equivócate otra vez. A ser posible, comete un error distinto.

Recuperar la idea de que las cosas son perfectibles facilita la acción. Hay que desbloquearse, hacer cosas y equivocarse.

Los proyectos no son finitos, no se terminan cuando se entregan. Los proyectos son de larga distancia, son investigaciones que se proponen una vez y se retoman, desplazándose, varias veces a lo largo de la vida. Su resultado tampoco termina en sí mismo, en el propio objeto que produce, sino que expande su alcance más allá del contexto físico

3. Robert Filliou, *Genio sin talento.* Catálogo exposición Museu d'Art Contemporani de Barcelona. MACBA 2003, p. 28. Fragmento extraído de una entrevista con Irmeline Lebeer, 1976, en *Robert Filliou.* Bruselas: Lebeer Hossmann, 1990.
4. Fragmento de la canción *Pick yourself up*, Jerome Kern / Dorothy Fields 1936.

propio. La arquitectura sobre todo se instala y por eso es, en cierto modo, removible, recuperable. Las ideas se retoman y se reconstruyen y, con suerte, se perfeccionan y si no se tiene tanta, se cometen nuevos errores. Distintos.

Por eso los arquitectos pensamos haciendo. Pensamos en movimiento, en un juego pendular que va de lo abstracto a lo concreto. Manejamos ideas abstractas y pasamos de un código abstracto a un objeto que se apoya en códigos explícitamente físicos. El proceso es similar a una traducción, en la que reconocemos los dos idiomas y negociamos con ellos. También sabemos, como sucede en las traducciones, que después de todo, esta no será perfecta, no se habrá recogido todo. En CoLaboratorio nos interesan los restos, nos alimentamos de ellos, los retomamos y volvemos a traducir.

Realizamos modelos lo suficientemente genéricos como para ser territorio de proyecto a largo plazo, modelos de reflexión, y lo suficientemente específicos como para defenderse por sí mismos. Sabemos también que siempre queda un resto, por eso seguimos.

....

> *Porque no engraso los ejes*
> *me llaman abandona'o*
> *Si a mí me gusta que suenen*
> *¿Pa qué los quiero engrasaos?*[5]

....

Hacemos objetos pero no pensamos tanto en las cosas sino en las relaciones. No nos interesan las cosas.

No miramos la figura sobre el fondo, pero tampoco la figura, ni el fondo, sino el espacio entre ambos, la negociación y el compromiso. Esas relaciones cambian, no son fijas y son las que nos interesan.

Nos gusta el movimiento y el tiempo al que el error hace referencia. *El error pone los objetos andar* porque, en vez de aislarlos, los encadena a

---

5. Fragmento de la canción *Los ejes de mi carreta*, Romildo Risso/ Atahualpa Yupanqui 1968-71.

una multiplicidad de enlaces y desplazamientos, se refiere al antes y al después. Habla sobre el tiempo porque nos recuerda que las formas son siempre temporales.

El error trastoca el orden y pone el mundo patas arriba, es más excitante que el acierto.

OPTIMIZAR LA PRODUCCIÓN: MATERIAL Y HERRAMIENTA

Ignacio Borrego Gómez-Pallete

Un laboratorio es un lugar dotado de los medios necesarios para realizar investigaciones, experimentos, prácticas y trabajos de carácter científico, tecnológico o técnico. Los laboratorios están equipados con *instrumentos o equipos específicos* con los que se realizan los experimentos, bajo unas condiciones controladas en función de los objetivos de la actividad.

Con esto se pretende que no haya influencias de parámetros imprevistos que alteren el resultado del proceso, de forma que los únicos condicionantes sean los inicialmente previstos. De esta forma se pretende obtener conclusiones generalizables controladas que nos acercan a los procesos normalizados y repetibles.

Los instrumentos disponibles en el CoLaboratorio en esta ocasión han sido una cortadora láser, y una fresadora, concretamente una cortadora láser SPEEDY 100R Trotec, y una fresadora Alarsis 130 FR180 3d. Cada sistema de mecanizado establece en sí mismo ciertas características que son determinantes en el proceso de fabricación de *prototipos*, pero el potencial de cada una de las herramientas viene condicionado también por el material empleado.

Actualmente nos encontramos en un momento en el que la digitalización ha permitido liberar completamente a la fabricación de sus lastres originales poniendo dispositivos al alcance del usuario que permiten realizar piezas diversas, dentro del *formato* previsto, y superando los condicionantes tradicionales de estandarización.

El movimiento moderno proponía un isomorfismo en el diseño que llega hasta nuestros días como un condicionante intelectual y técnicamente superado, pero difícilmente soslayable en la práctica profesional debido a la falta del desarrollo e implantación de los procesos de fabricación digitales. Sin embargo la incipiente proliferación de las máquinas digitales de fabricación en el mercado requiere que sus nuevas reglas de juego se generalicen hasta llegar a determinar los procesos de diseño, en base a versiones y variaciones.

La cortadora láser alcanza una precisión de corte muy elevada, y diferentes posibilidades de tallado, desde suaves incisiones, hasta el corte completo, pasando por cortes intermitentes que facilitan un plegado en el caso de materiales flexibles como el cartón, o una guía para un corte posterior con la ventaja de mantener ambas piezas fijas durante parte de la fabricación.

La *superficie de mecanizado* es relativamente reducida: 610mm × 305mm, por lo que limita la ejecución de piezas de gran tamaño. Si la dimensión del prototipo supera la superficie de mecanizado, la reflexión sobre el diseño de los ensamblajes debe ampliarse también a la formación de cada pieza por agregación de elementos.

Las *dimensiones de suministro* del material no son un problema para aprovechar el máximo de las prestaciones de esta herramienta, porque generalmente son mayores, sin embargo será fundamental para el adecuado aprovechamiento del formato de trabajo y reducción del *material de desecho*.

En el caso de la fresadora, sí es más importante ya que su mayor superficie de mecanizado, 1930mm × 950mm, puede estar limitada por la dimensión de suministro del material. Hay ocasiones en las que se puede encargar el material en un formato no estandarizado, pero esta decisión debe tener en cuenta el proceso de fabricación, y las características del material, ya que en el caso de que el despiece a medida exija un corte en el origen de producción del material, no implicaría un ahorro, excepto en el caso de que se trate de un material reciclable.

La *eficiencia* del diseño debe ser evaluada en el conjunto del proceso desde la elaboración del material y fabricación del prototipo, hasta el desmontaje del prototipo, y devolución de los materiales a la cadena productiva.

Si se trata de vidrio o algunos plásticos, la fabricación a medida no implica desperdicio de material, ya que el 100% del material puede ser reintroducido en el ciclo de fabricación sin perder cualidades. Sin embargo hay otros materiales como la madera cuyos restos son aprovechables, pero con menor calidad, ya que deben ser introducidos en trabajos en los que se pueda reutilizar con su menor dimensión, o convertido en virutas para la fabricación de papel. Esta pérdida de prestaciones del material supondría un descenso en la cadena de reciclaje (downcycling).[1]

La fresadora presenta, además de una mayor dimensión de superficie de mecanizado, una capacidad de movimiento adicional en el eje vertical, hasta una altura de 120mm. Esta herramienta permite, además de cortar en plano horizontal, un tallado tridimensional con elevadas posibilidades formales, pero con un reducido rendimiento debido a su consumo de tiempo. Esta opción puede ser explotada con mayor rendimiento por materiales con espesor suficiente, y escasa resistencia como el poliestireno extruido.

1. Los términos *upcycling* y *downcycling* fueron introducido por Reiner Pilz en una entrevista realizada por Thornton Kay of Salvo en Alemania, y publicada en *SalvoNEWS*, número 99, el 11 de octubre de 1994, p. 14. Este concepto fue posteriormente incorporado por William McDonough y Michael Braungart en *Cradle to Cradle: Remaking the Way We Make Things*. North Point Press, 2002.

La disposición de las piezas a cortar dentro de las dimensiones de la superficie de mecanizado, da lugar al despiece de cada panel de corte. Esta tarea es especialmente relevante en la *optimización* de la mecanización, ya que es determinante en la cantidad de material desechado en la fabricación. Siguiendo el mismo criterio que en la elaboración del material, este despiece será más importante aún si el material de desecho no es completamente reciclable.

Generalmente, la disposición de los elementos sobre el formato del panel se realiza de forma que el acoplamiento entre las piezas sea máximo, y el *índice de aprovechamiento del panel* sea máximo. Este proceso puede ser arbitrario barajando intuitivamente el mayor número posible de posiciones o recurrir a programas informáticos que pueden resolver esta tarea de forma óptima en función de cualquier condición inicial. Aplicaciones informáticas como Grasshopper pueden ordenar todas las piezas de un prototipo en el mínimo número de paneles en pocos segundos respetando los parámetros deseados. Se pueden limitar los giros de las piezas, lo cual es importante cuando se trata de materiales anisótropos como la madera, en los que la dirección de la veta natural es relevante en el comportamiento estructural de la pieza. En estos casos se podrían permitir los giros de 180° para aumentar las posibilidades de ordenación, sin influir sobre esa propiedad. También se puede impedir la simetría de las piezas en el caso de que el material presente un haz y un envés diferente (como algunos cartones y contrachapados), para garantizar que las propiedades de cada superficie estén en la cara deseada.

Por otro lado, más allá de la ordenación sistemática de las piezas en los paneles, el proceso de fabricación puede dar un paso más en el acercamiento entre el diseño y la producción permitiendo cierta influencia del despiece del panel en la forma final de la pieza, es decir, la forma puede estar determinada por la fabricación, además de la configuración final deseada. De esta manera se pueden reducir los tiempos de corte y consumo energético, y aumentar la sección puntualmente con material que de otra forma sería desechado.

El diseño no debe ser anterior ni ajeno al conocimiento de los detalles de la producción. La industria contemporánea pone a nuestro alcance prácticamente cualquier formalización, y parece especialmente apropiado el análisis y la reflexión sobre estos medios, para introducir las oportunas mejoras en el diseño para optimizar el proceso de fabricación. Más allá de qué queremos hacer, debemos preguntarnos cómo queremos producirlo.

1.12

SOBRE EL COLABORATORIO O ACERCA DEL POTENCIAL DE LAS HERRAMIENTAS DIGITALES PARA INTEGRAR LA MATERIA CON LA INFORMACIÓN [II]

Javier García–Germán Trujeda

1. La literatura que se ha escrito recientemente sobre del complejo
digital ha puesto de manifiesto el potencial de la fabricación digital
(CAD–CAM) para transformar el proceso de traslación del dibujo a la
construcción hasta ahora empleado.[1] Los modos de representación pla-
nimétricos han sido desbancados por herramientas digitales como los
modelos BIM, que ofrecen la posibilidad de saltar de la representación a
la simulación acortando de modo drástico la distancia entre lo diseñado
y lo construido. Esto es posible debido a que es posible definir cualquier
objeto con mucha mayor precisión, siendo capaces incluso de simular
su comportamiento en el tiempo. De un modo similar la fabricación digital también ha contribuido a transformar el proceso del dibujo a la obra
construida puesto que el arquitecto, hasta ahora limitado a proyectar,
encuentra ahora a su disposición unas herramientas que le permiten
involucrarse directamente en los procesos constructivos.

El CoLaboratorio –al igual que otros muchos talleres de fabricación
en distintas escuelas de arquitectura– ha tratado durante los últimos
años de introducir a los estudiantes en estos procesos de diseño y
fabricación digital. El objetivo docente ha sido modelar y ejecutar
patrones constructivos, buscando conexiones entre los procesos de
diseño y los procesos de fabricación digital.

2. Sin embargo la realidad del sector de la construcción está muy por
detrás del alentador futuro dibujado por estos autores.[2] Este atractivo
panorama proviene del mundo de la industria automovilística y aeronáutica, entre otras, cuyos procesos de fabricación hacen pleno uso
de las tecnologías de la información. Y pueden hacerlo porque cuentan
con unas exigencias técnicas, unos volúmenes de fabricación y un
motor financiero que posibilitan la construcción de detallados modelos BIM y cadenas de montaje específicas para cada uno de los prototipos que fabrican. Lamentablemente la gran mayoría de los encargos
de arquitectura son muy distintos –estos protocolos industriales sólo
serán aplicables a aquellos casos en los que existan unos intereses
industriales subyacentes con fuertes inversiones económicas que permitan el desarrollo de prototipos específicos.

1. En referencia a este asunto ver el texto de Robin Evans, "Translation from Drawing to Building",
AA Files 12, 1986.
2. Como por ejemplo en los libros acerca de la fabricación digital como son *Refabricating
Architecture. How Manufacturing Technologies Are Poised to Transform Building Construction*
de Kieran y Timberlake (2004 McGraw–Hill Company, New York) o *Fabricating Architecture* editado
por Robert Coser (2010 Princeton Architectural Press, New York).

Esta fascinación por la fabricación digital también se ha llevado a las escuelas de arquitectura. Hasta ahora se ha entendido que los procesos CAD-CAM podían ser una vía que superara de modo crítico la fascinación morfológica desarrollada durante la década de los noventa al introducir el rigor de los procesos constructivos en la generación de geometrías complejas. Sin embargo esto no se ha logrado y la mayoría de los *studios* de fabricación siguen empleando las herramientas digitales como fin y no como medio. Aunque los esfuerzos se hayan centrado en experimentar con la propia construcción de patrones complejos –intentando recuperar así la vinculación con la materia– siguen estando absolutamente desligados de la realidad económica y técnica a la que pertenecen los procesos constructivos. La mayoría de los intentos por reintroducir la materia se ha hecho de un modo acrítico y como mera traslación material de una realidad virtual ajena a cualquier consideración sobre asuntos constructivos reales, tal y como demuestran los modelos tridimensionales fabricados con resinas o polímeros que nada aportan sobre asuntos tectónicos o estructurales.[3]

3. Este asunto está enmarcado en un debate cultural de fondo que es el de las conexiones entre el paradigma mecánico y el paradigma electrónico.[4] Es creencia popular que lo mecánico y lo electrónico son paradigmas distintos y sucesivos, de modo que el paradigma electrónico supera y anula el paradigma anterior. Sin embargo esto no es cierto puesto que se trata de dos modalidades –la materia (substancia) y la inteligencia (forma)– que se superponen y son interdependientes. La inteligencia está siempre presente en la materia y la informa con mayor o menor cantidad de inteligencia embebida, a través de parámetros como su forma, o la proporción de componentes que conforman su estructura interna. Si la materia está más informada contendrá más cantidad de inteligencia embebida, y si está menos informada contendrá menos inteligencia.

El paradigma mecánico participa de estas dos modalidades, de la materia y de la inteligencia. Un objeto prototípico del paradigma mecánico, como por ejemplo un reloj, está formado por una serie de mecanismos ordenados de una determinada manera para cumplir una función. La

3. Entendemos que esto ocurre con el trabajo de Aranda & Lasch, en especial en los diseños de mobiliario que se muestran en el libro *From Control to Design* editado por Michael Meredith (2008 Actaq, Barcelona, New York).
4. Esta idea está referida al texto de Sanford Kwinter "The Cruelty of Numbers", publicado en *ANY* 10.

materia ha sido dotada de una inteligencia mecánica que le permite desempeñar la función de dar la hora. Queda claro que la materia y la inteligencia no son cosas distintas sino que son asuntos interdependientes.

El problema que tienen los objetos mecánicos es que están informados para desempeñar una *única* función. El objetivo de este diseño reduccionista –al igual que la arquitectura del Movimiento Moderno– ha sido "suprimir casi toda la inteligencia embebida en la materia para favorecer o aislar una única cualidad o dimensión de expresión",[5] estando en inferioridad de condiciones respecto de la inteligencia material de los procesos naturales, al ser capaces de variar su información embebida en función del tiempo adaptándose a nuevas situaciones.

Pero tan problemático es quedar estancados en un obsoleto paradigma mecánico de "cualidades materiales y funciones evidentes" como pensar que el paradigma electrónico es únicamente virtual, de "procesos inmateriales e inteligencia en estado puro". Éste es precisamente el problema de una parte de las aplicaciones digitales actuales y, sin lugar a dudas, de muchos de los experimentos desarrollados con fabricación digital. Entender lo mecánico y lo electrónico como esferas a superponer e interconectar supone asumir que no puede haber inteligencia sin materia, o lo que es lo mismo, que no puede existir lo virtual sin su contrapartida real.

Superada la mitificación de lo digital de los últimos veinte años, existen varias cuestiones que hay que plantear. La primera cuestión es cómo emplear lo digital como medio, como herramienta, y no como fin en sí mismo. Y las siguientes cuestiones son precisiones de la primera: cómo trabajar con lo digital de acuerdo con su potencial sin caer en utilizaciones reduccionistas mecánicas o cómo hacerlo sin caer en la trampa de evitar lo real. Es importante emplear las herramientas digitales de modo que seamos capaces de embeber más información en la materia. Pero sobretodo es fundamental hacerlo de forma más sencilla y natural, más pragmática, con combinaciones inteligentes de tecnología analógica y digital[6] que logren encontrar maneras de combinar eficazmente las esferas de lo mecánico y lo electrónico. Es en esta dirección hacia dónde debe avanzar el CoLaboratorio– como un foro dónde se pueda investigar cuáles son las posibilidades que el complejo digital ofrece para integrar el potencial electrónico a la realidad constructiva.

5. Sanford Kwinter, "The Cruelty of Numbers", publicado en *ANY* 10 (1995).
6. Hacemos referencia al texto de Stan Allen titulado "The Digital Complex–Ten Years After", publicado en la revista *LOG* n°5 (2005 Anyone Corporation, New York).

1.13

DEL TALLER AL FABLAB
[hacia una didáctica creativa
y productiva]

Diego García-Setién Terol

"... la mejor enseñanza es la *experiencia propia*... la invención, incluso
la re-invención, es la esencia del *trabajo creativo*... damos materiales
a los estudiantes para que los manipulen... tenemos un buen surtido
de *herramientas y maquinaria* en el taller... sabemos que este proceso
de aprendizaje por experimentación lleva más tiempo, incluye rodeos
y vías muertas... los caminos indirectos y el *sistema de prueba y error*
agudizan el sentido crítico, enseñan por experiencia y estimulan el
deseo de hacer las cosas mejor y con mayor precisión... los proyectos
se evalúan según la proporción 'esfuerzo-resultado'... se enfatiza un
aspecto muy importante de la enseñanza, la economía... (de trabajo
y de materiales)... el uso de cualquier material debe dejar el *menor
desperdicio* posible... el ahorro pone un acento en la *ligereza*... (la economía) se busca comprobando la capacidad máxima del material...
poniendo el énfasis en las *consideraciones técnicas y económicas* en
lugar de en las estéticas... establece una base de acuerdo sobre los
principios generales y contemporáneos de la forma, moderando las
exageraciones del individualismo... (que) no es en principio un objetivo... es tarea de la escuela *integrar al individuo en la sociedad* y su economía y hacerle compartir las actividades de su tiempo..."[1]

La descripción que hacía Josef Albers sobre el *Vorkurs*, o curso prepa-
ratorio de la bauhaus de Dessau en 1928, nos resulta de sorprendente
utilidad y actualidad, para enunciar las intenciones, los objetivos y la
didáctica que practicamos en el CoLaboratorio de la ETSAM. Pero
antes de señalar las evidentes similitudes, conviene reconocer algunas diferencias con la mítica escuela de diseño alemana.

Arte, acción y trabajo, fueron las constantes didácticas de la bauhaus,
y la *práctica en los talleres* fue el rasgo distintivo para sus estudiantes,
quienes se clasificaban como aprendices, oficiales o maestros de
acuerdo con la tradición artesanal. Richard Sennett escribía recientemente[2] que "la artesanía abarca mucho más que el trabajo manual
especializado, al designar un compromiso vital y un impulso por

1. Josef Albers. "Educación Creativa'", en F. Soriano, J. Ballesteros. *Fisuras* 3 1/3, Madrid 1995,
pp. 136-147. Traducción de la conferencia transcrita "Enseñanza práctica de la forma" para el VI
Congreso Intl. de Educación artística de Praga en 1928.
2. Richard Sennett. *El artesano*. Yale university Press. New Haven, 2008 (Anagrama, 2009, p. 32).

realizar bien una tarea, centrándose en patrones objetivos aplicables a cualquier campo de actividad". Así ocurre en la enseñanza –y práctica– de Arquitectura en nuestras escuelas, pero a diferencia del aprendizaje en un taller artesano, donde se produce hacia el exterior *ofreciendo sus resultados a la sociedad*, la producción de los estudiantes no se relaciona con aquella, quedando casi siempre orientada hacia el interior, asemejándose al trabajo introvertido de un artista al uso. Redactamos proyectos a menudo únicos y *ad hoc*, que casi nunca se optimizan ni mejoran, al contrario de lo que sucede con los *prototipos, de naturaleza perfectible*. Así ensalzamos la individualidad, cuando sabemos desde hace mucho, que nuestro trabajo necesita el concurso de muchos profesionales.

El taller de la bauhaus es deudor de una pedagogía basada en '*aprender a pensar constructivamente*', que tiene sus raíces en las corrientes pedagógicas de vanguardia nacidas en el cambio de siglo pasado, como la 'Escuela del trabajo', la 'escuela activa' de Kerschensteiner, el 'activismo' de Montessori, o el 'progresivismo' de Dewey.[3] Gropius la implantó y transfirió hacia el productivismo, y Hannes Meyer lo orientó a la industrialización; ambos directores convirtieron la bauhaus en un *laboratorio experimental de la industria*, a la que vendían sus ideas, patentes y prototipos, para que ella se ocupara de su producción en serie, aprovechando así la principal ventaja de la producción industrial frente a la artesanal: el tiempo empleado para fabricar un determinado número de productos.

Con su traslado de la sede a Dessau (1925) se inició el periodo de madurez de la bauhaus, creándose la sociedad mercantil 'Bauhaus GMBH' para vender los diseños de muebles, textiles y demás objetos de uso cotidiano, desarrollados por los estudiantes. Los talleres se mecanizaron y en especial los de mobiliario y tejido –dirigidos por los exalumnos M. Breuer y G. Stölzl– fueron los más rentables en términos empresariales. La colaboración con la industria permitió a Breuer producir sus primeros prototipos de sillas de tubo en las instalaciones de la Junkers AG, empresa local aeronáutica; luego explotó sus patentes

3. Tomás Maldonado: "Arte, educación y ciencia. Hacia una nueva creatividad proyectual", *Casabella* 435, 1978.

a través de Standard Möbel, mientras que muchos diseños del taller de Stölzl, fueron producidos por Polytextil-Gesellschaft y Deutscher Werkstätte. Con las ventas de los diseños y prototipos, se pretendía financiar la escuela, ampliar los talleres o gratificar a los estudiantes. Como resultado de la colaboración entre ambos talleres, surgió la emblemática silla 'b3', con estructura de tubo de acero niquelado y asiento y brazos textiles.

Aunque en general la bauhaus producía industrialmente de manera indirecta, a través de empresas privadas, es especialmente interesante el caso del *taller de tejidos*,[4] pues contaba con 25 telares mecanizados, pudiendo realizar una producción en serie propia. Entre aquellos, se contaban algunos telares 'Jacquard', los primeros totalmente automáticos (1801), que funcionaban mediante un sistema de *tarjetas perforadas*[5] con las que, hasta los usuarios más inexpertos, podían tejer patrones complejos. Treinta años después, basándose en el sistema informático de aquel artefacto, C. Babbage –padre de la computación– construyó su *máquina analítica*, considerada el primer ordenador-impresora moderno. Así, los primeros ordenadores, servomecanismos y máquinas de herramienta, usaban tarjetas o cintas perforadas para *programar secuencias de acciones y rutinas*. Hoy los microprocesadores se integran en las máquinas CNC (Computer Numeric Control), que han revolucionado la industria moderna. Estas son las máquinas utilizadas en el CoLaboratorio, y al igual que los telares automatizados de Dessau, permiten a los estudiantes fabricar, de manera restrictiva pero eficiente, elementos en 2 dimensiones con los que construir –esta vez en 3D– aquello que han diseñado, fomentando el método de prueba y error, propio de todo *prototipado*.

4. La importancia dada desde el inicio de la Bauhaus al tejido, hace oportuno recordar la importancia que Semper daba al arte textil, que denomina "arte original" y primero de los 4 "procedimientos técnicos originales" con los que el hombre puede producir forma (además de la cerámica, la madera y la piedra). Atribuía a la pared un origen textil, enunciando así el principio tectónico de toda construcción ligera, configurada a partir de técnicas artesanales y primitivas como tejer, trenzar y anudar. Gottfried Semper. *El estilo en las artes técnicas y tectónicas y otras prácticas estéticas* (I). Verlag für kunst und wissenschaft. Fráncfort, 1860, p. 13.
5. Las tarjetas perforadas se aplicaron a los telares desde 1725, y acompañaron el desarrollo de mecanismos, autómatas e informática hasta 1950, empleándose como soporte de información (código binario), hasta caer en desuso con la aparición de los soportes magnéticos y ópticos, más pequeños y capaces.

Un primer éxito del CoLaboratorio –tras ser el primer curso califi-
cado generosamente en la ETSAM, como innovador– ha sido poder
ampliar su equipamiento con una *máquina fresadora CNC, de 3 ejes*
y mesa de 2 × 1m, que junto con la antigua cortadora láser de 60 x
30cm, usada para ensayos previos, han servido en el presente curso,
para desarrollar prototipos esféricos de 3m de diámetro, con dos
posibles materiales: contrachapado de 4mm y espuma de poliestireno de 40mm; los alumnos se han sumergido en la *geodesia* y la trigo-
nometría esférica, con la dificultad añadida del aumento de escala.

Los talleres de Dessau funcionaron ideológicamente como una '*estación de paso*' a la industria, y con un fin último: que fabricar en serie
mejores productos, a precios asequibles que llegaran a sectores más
amplios de la sociedad. En el CoLab aspiramos a *externalizar la producción* de una escuela de arquitectura, ofreciendo a la sociedad algo
más que titulados.

Los medios para construir esta nueva relación político-productiva
de la Universidad, están por definirse aunque ya existen modelos
de estructuras colaborativas virtuales que proliferan en todo el
mundo, como la red de *FabLab*,[6] o proyectos como *Wikihouse*. Estos
CoLaboratorios[7] están orientados hacia un desarrollo colectivo
de prototipos, cuyo diseño está disponible y libre de cargas, para
que cualquier persona en cualquier lugar del mundo haga uso de
él y pueda construirlos valiéndose de maquinaria de tipo CNC para
su fabricación. Esta práctica asume un nuevo concepto de autoría
colectiva, que tiene soporte legal a través de los '*creative commons*'
y el '*copyleft*', diferentes modos de cesión de derechos de propiedad
intelectual al *dominio público*.

En 2011, CoLaboratorio pasa de grado a postgrado, incluyéndose
en el Máster en Proyectos Arquitectónicos Avanzados (MPAA) de

6. Un *FabLab* (Fabrication Laboratory) es un espacio de producción de objetos físicos a escala
personal o local que agrupa máquinas controladas por ordenadores. Su particularidad reside
en su tamaño y en su fuerte vinculación con la sociedad. Se estima que hoy existen 59 FabLabs
oficiales en todo el mundo. (Wikipedia).
7. CoLaboratorio: término acuñado por Koichiro Matsuura en 1999. Designa un centro de
investigación distribuido. Al explotar las tecnologías de la información y la comunicación, el
colaboratorio permite a los investigadores trabajar juntos en un mismo proyecto, aunque que se
hallen muy lejos unos de otros. (Wikipedia).

la ETSAM. Desde este contexto más vinculado a la investigación y a la práctica profesional, continuaremos *'aprendiendo a pensar productivamente'* –con modestos recursos, inteligencia colectiva y una gran ambición– para establecer las bases de una nueva 'estación de paso', verdaderamente innovadora.

1.14

OPTIMIZAR

Elena Cuerda Barcáiztegui

La técnica... es el esfuerzo para ahorrar esfuerzo. Aquello a lo que dedicamos esfuerzo para inventar y ejecutar un plan para: asegurar la satisfacción de las necesidades elementales; lograrlo con el mínimo esfuerzo; crear objetos que no hay en la naturaleza y caminar con ella —con la técnica— hacia la vida buena y la emancipación humana"
... la técnica debe estar siempre al servicio de lo propiamente humano

J. Ortega y Gasset[1]

La palabra *optimizar* se define según la Real Academia de la Lengua Española como, "buscar la mejor manera de realizar una actividad", pero ¿cuál es la "mejor" manera?, ¿la "mejor" manera respecto a qué?...

El verbo *optimizar* en informática, se equipara con el hecho de mejorar el rendimiento de un sistema operativo, programa o dispositivo, a partir de determinados cambios lógicos (*software*) o físicos (*hardware*). En esta disciplina generalmente la optimización se emplea para que una tarea *se realice más rápidamente* (*ahorro de tiempo*). Pero éste no siempre es el caso; por ejemplo, en determinadas situaciones lo más importante es que se *consuma menos memoria* (*ahorro de espacio*), por lo tanto, el programa o dispositivo se debe optimizar con respecto al uso de la memoria, aunque esto suponga ralentizar el proceso. En el caso de los dispositivos móviles como ordenadores portátiles o los teléfonos móviles, se busca la máxima optimización de la máquina con respecto al *consumo de la batería* (*ahorro energético*).

En el diseño de páginas web, la *optimización* consiste en *buscar el mejor posicionamiento en los buscadores*, conocido como SEO, sigla en inglés que significa Search Engine Optimization, o sea, 'Optimización para motores de búsqueda'. Es un proceso a través del cual se consigue una mayor visibilidad de un sitio web en los diferentes buscadores, como Google, Yahoo! o Bing sin tener que pagar dinero al buscador, para tener acceso a una posición destacada en los resultados.

---

1. Ortega y Gasset J., Meditaciones de la Técnica, Edit. Alianza, Revista de Occidente-Alianza Editorial, Madrid, 2002, séptima reimpresión.

En matemáticas, la optimización o programación matemática, intenta dar respuesta a un tipo general de problemas. Se desea elegir el mejor, con respecto a unos parámetros determinados, entre un conjunto de elementos. En esta disciplina, sirve para *encontrar la respuesta que proporciona el mejor resultado*, la que logra mayores ganancias, mayor producción o felicidad o la que logra el menor costo, desperdicio o malestar. Con frecuencia, estos problemas implican utilizar de la manera más eficiente los recursos, tales como dinero, tiempo, maquinaria, personal, existencias, etc.[2]

La *optimización* por tanto va en busca de *tres finalidades* concretas:

- ahorro de tiempo

- ahorro de recursos materiales y/o energéticos

- ahorro de espacio[3]

¿Cómo se extrapola esto a la construcción? ¿Cómo se optimiza un proceso complejo en el que intervienen tantos factores y agentes?

Parece que la arquitectura pide a gritos una reflexión. *La optimización en la edificación, se irá produciendo a medida que el proceso constructivo adquiera la misma importancia que el diseño final edificado.*

El proceso de elaboración de un producto industrializado, requiere un control riguroso de cada una de sus fases. En la industria normalmente es una única entidad la que se ocupa de realizar tanto el estudio del mercado del producto como los métodos de fabricación o el servicio de venta y de postventa.[4] El resultado de éste sistema de producción, ha sido asumido por la sociedad de una manera natural y se han producido grandes avances en la optimización de los procesos de fabricación (sector automovilístico, aeronáutico, electrodoméstico...), sin embargo, *¿por qué en la edificación cuesta tanto progresar en este aspecto?*

---

2. Arsham, Hossein (1994).8ª edición: Modelos deterministas. Optimización lineal. Accesible en: <http://home.ubalt.edu/ntsbarsh/opre640s/spanishd.htm#rop>. Consulta: 5 de septiembre de 2011.
3. Es importante también tener en cuenta, que como consecuencia de las mejoras en estos 3 campos, se obtiene una repercusión en el aspecto económico.
4. En referencia a este asunto ver el libro Alfonso del Aguila García, Las tecnologías de la industrialización de los edificios de vivienda. Colegio Oficial de Arquitectos de Madrid. Madrid, 1986.

¿Es realmente más rentable económica y medioambientalmente construir de una manera tradicional que de forma industrializada?

En el caso de la edificación, existen numerosos condicionantes propios del sector que dificultan el desarrollo de un nuevo sistema de producción. Intervienen en el proceso multitud de agentes que desarrollan su tarea con cierto grado de independencia entre sí (arquitecto, promotor, constructor, otros técnicos, servicios municipales...). Esto dificulta notablemente la coordinación entre las distintas fases que conforman el proceso global.

En nuestra sociedad, el producto edificado industrializado es percibido con cierto escepticismo y desconfianza. Éste se relaciona con ciertos elementos estandarizados y modulares, que pueden recordarnos a "containers" o recintos industriales y que se alejan de la posibilidad de "customización" tan deseada por la sociedad actual en todos los objetos que nos rodean y pertenecen. *Pero, ¿es la producción en masa el único camino hacia la racionalización de los procesos constructivos?*

La industrialización tradicional ha generado sistemas cerrados y productos homogéneos. Frente a esto, la *industrialización por componentes, o abierta,*[5] se caracteriza por la posibilidad de unión de elementos constructivos de distinta procedencia, que se pueden ensamblar o unir en obra gracias a sus compatibilidades dimensionales, de tolerancias y de juntas, dando lugar a realizaciones arquitectónicas diversas a partir de los mismos componentes.

La tecnología industrial actual, permite mediante los procesos de ensamblajes de componentes crear un catálogo abierto, dispuesto siempre a admitir soluciones diversas. Esto permite un *acercamiento de la industrialización a la arquitectura*, manteniendo el carácter del edificio como objeto único. Este proceso permite además aprovechar las tecnologías actuales, dando preferencia a las que menor gasto energético produzcan y menos materias primas consuman, e introducir nuevas técnicas y materiales y experimentar con ellos.

5. "¿La industrialización abierta? ¿Qué es eso? ¿Quizás los concursos de paneles de fachada, ventanas, puertas, etc.? Nadie ha podido utilizarlos. No han servido para nada. Cada arquitecto quiere diseñar su "truco", quiere su panel para él... para que esa industrialización proporcione una arquitectura bella, *es preciso que los arquitectos dominen los procesos*". Jean Prouvé, Revista *T&A*, nº 327, Paris, 1979.

En este nuevo proceso edificatorio es clave el papel del *ahorro energético*, teniendo en cuenta el *ciclo de vida completo de la obra construida*. De todas formas se avanzará en temas como el ahorro y la eficacia del diseño y la fabricación, la eficacia de la puesta en obra y el ahorro en los tiempos de construcción, la eficiencia en la vida útil del edificio. Se incorporarán técnicas y diseño de estrategias pasivas para mejorar el comportamiento energético y se evaluarán las posibilidades de reciclaje o reutilización como punto final de la vida del edificio.[6]

La asignatura *CoLaboratorio*, se ha impartido en la Escuela Técnica Superior de Arquitectura de Madrid durante dos años. El *CoLaboratorio* pretende modificar las reglas del juego, es la manera de abordar el problema lo que ha cambiado. No se busca un diseño final, sino que *se propone abrir una investigación sobre la manera de producir un prototipo*.

El fin que se busca es la *optimización* de un prototipo, de un proceso. El ahorro de tiempo de corte y montaje, el aprovechamiento máximo de recursos materiales, el ahorro energético, la búsqueda de ligereza y el mínimo número de ensamblajes, son algunas de las características que se estudian en este proceso buscando la ansiada optimización del producto resultante, que no final, ya que seguirá siendo un prototipo sobre el cuál ésta búsqueda de máxima eficacia podría continuar.

El *CoLaboratorio* se presenta así, como un primer paso en la *investigación hacia la optimización de los procesos constructivos*. La participación colectiva en el taller, los medios digitales y las nuevas herramientas adquiridas en estos dos años de curso,[7] permiten generar una *nueva cadena de producción optimizada*, y dan lugar a un *producto final único* formado por el *ensamblaje de distintos componentes*.

6. En referencia a este asunto ver el texto de César Ruiz-Larrea, "Arquitectura, Industria y Sostenibilidad". *Informes de la Construcción*. Vol. 60, 512, 35-45, Oct-Dic. 2008.
7. Máquina de corte láser en el primero y fresadora en el segundo.

1.15

HACIA LA DEMOCRATIZACIÓN DEL DISEÑO
Diseño Colaborativo y Fabricación Digital

Areti Markopoulou

El éxito del concepto IKEA, que se ha convertido en un fenómeno, se basa en la Revolución Industrial de los siglos XIX y XX, cuando la máquina hizo posible la producción en masa de los objetos con bajo coste.

Es habitual la creencia de que IKEA ha democratizado el diseño, que los muebles de IKEA han supuesto un icono del diseño democrático o de masas. Sin duda, el fenómeno ha introducido nuevos conceptos tales como la mentalidad DIY[1] (*Do it yourself* - Hazlo tú mismo), pero lo que realmente sucede es que tales fenómenos dan lugar a la democratización del producto en sí y no del diseño y su proceso.

La existencia de una cantidad de herramientas cada vez mayor al alcance del usuario, nos incita a diseñar todo lo que usamos. La gente quiere participar en el diseño de los objetos cotidianos, e insiste en participar en el diálogo acerca de los objetos a su alrededor.

Tanto el desarrollo del diseño como la gestión de este proceso están cambiando radicalmente. La autoría está desapareciendo, y la participación está en expansión. Las herramientas están ampliamente disponibles y todo el mundo quiere formar parte del proceso. Mientras que muchos ven esto como un hecho positivo, otros creen que esta omnipresencia conducirá al deterioro del diseño profesional. Sin embargo, el enorme desafío para los diseñadores es encontrar la manera de permitir a la gente entrar en la escena y ser capaz de diseñar junto a ellos.

La siguiente revolución en el proceso de diseño se puede encontrar en esta democratización, y en la idea de permitir a los consumidores a ser parte del proceso de diseño de los objetos que utilizan.

El desarrollo de Internet en el siglo XX ha permitido comprender la capacidad de un sistema distribuido para configurar sistemas potentes y estables con un gran desarrollo económico y participación social. Esto ha llevado a una producción de sistemas centralizados y eficaces que nos permiten construir, producir y gestionar los recursos para la gran mayoría de poblaciones emergentes en todo el mundo.

El reciente crecimiento de Internet desde una fuente pasiva de información hacia la comunidad global activa de las web 2.0 nos ha mostrado cómo podemos cambiar muchos de los paradigmas de los

---

1. *Do it yourself* (DIY) - "Hazlo tú mismo", es un término utilizado para describir una construcción, modificación o reparación llevada a cabo por uno mismo (Wikipedia).

sistemas de producción y la distribución de información digital. En las web 2.0 los usuarios son a la vez los consumidores y los productores de contenidos. La relación unidireccional que tuvimos con la televisión o los ordenadores se ha transformado ahora en una relación bidireccional en la que cada uno de nosotros (*user/consumer* - usuario/consumidor) puede producir (*producer* - productor) el contenido de otros usuarios. El modelo de producción e información distribuida ha dado lugar a una mayor democratización de los contenidos. Es aquí donde aparece una nueva definición, por la que el usuario ya no es sólo un usuario o consumidor, sino además un *prosumer* (*producer+consumer* - productor+consumidor).

El fenómeno Wiki/Diseño de Código Abierto (*Open-Source*)

Cuando O'Reilly Media[2] y O'Reilly Radar utilizaron por primera vez el término Web 2.0 en el año 2004 se afirmó que la "Web 2.0 se nutre de los efectos de red: bases de datos que se enriquecen más cuanto mayor sea el número de personas que interactúan con ellas, aplicaciones que aumentan su capacidad cuanto más gente las utilice, una publicidad que está impulsada por las historias y experiencias de los propios usuarios, y aplicaciones que interactúan entre sí para dar lugar a una plataforma informática de mayor escala".

Sobre la base de las posibilidades que ofrece la Web 2.0 surgió el fenómeno de la wiki, que experimentó su crecimiento más importante en 2001, cuando nació *Wikipedia*. La idea básica detrás de un sitio web wiki es que puede ser editado por cualquier visitante. Es una tecnología para el desarrollo y gestión de nuevos contenidos, que permite a un compromiso de colaboración, interactivo y intercreativo entre los usuarios.

Anthony D. Williams y Don Tapscott nos indican que "la colaboración en masa en comunidades interconectadas es reinventar la forma en la que las empresas pueden comunicar, crear valor y competir en el nuevo

2. O'Reilly Media (anteriormente O'Reilly & Associates) es una empresa amerciana de comunicación fundada por Tim O'Reilly que publica libros y páginas web, y organiza conferencias sobre temas de tecnología informática (Wikipedia).

mercado global", publicado por primera vez en el año 2006, en su libro éxito de ventas *Wikinomics*.[3]

El análisis de los cambios radicales en el proceso de diseño y producción dentro de esta nueva realidad interconectada nos muestra que éstas han sido posibles gracias a dos acontecimientos que están extendiendo su influencia a varios niveles dentro del proceso de diseño. Éstos son la evolución del *software* de código abierto o libre y la tecnología CAD / CAM.

El concepto de código abierto, básicamente, parte de la idea del *software* libre. Plataformas como *Napster* –una red descentralizada (*peer-to-peer*) para compartir música de servicio– dieron lugar a la aparición del apoyo y nuevas aplicaciones de esta idea para el intercambio mundial de archivos de bases de datos.

El código abierto nos ha permitido trabajar con *software* distribuido y desarrollado gratuitamente. Una vez obtenido, cada usuario tiene acceso al código fuente (*source code*), que puede ser usado, copiado, estudiado, modificado y redistribuido libremente. El *software* de código abierto ha permitido que el conjunto de la comunidad de usuarios pueda colaborar de una manera colectiva y radical para mejorar la capacidad de los programas.

Esta idea se ve reforzada por conceptos tales como *peer-to-peer* (P2P), derivados de la informática, que en un principio se refiere a una red de equipos que no trabajan con servidores fijos o clientes, sino más bien como una serie de nodos que interactúan unos con otros. De este modo, actúan simultáneamente como clientes y servidores de otros nodos en la de la red.

Código abierto puede ser considerado como una filosofía o simplemente como una metodología pragmática. Y cuando la metodología de código abierto se aplica al diseño, Diseño Abierto o Diseño de Código Abierto aparece un diseño distribuido que se puede descargar para copiar, usar, modificar, y distribuir de nuevo cargándolo en la red.

---

3. *Wikinomics: How Mass Collaboration Changes Everything* es obra de Don Tapscott and Anthony D.Williams, publicada por primera vez en diciembre de 2006. Explora cómo algunas empresas del principios del siglo XXI han hecho uso de la colaboración en masa (*mass collaboration* o *peer production*) y tecnologías de código abierto, como wikis, como claves de su éxito (Wikipedia).

Propiedad intelectual

Entonces, ¿A quién pertenece un diseño?

En este nuevo contexto de *software* y diseño de código abierto hay una necesidad de definir nuevas formas de protección del trabajo creativo que está disponible para que otros lo puedan aprovechar y compartir legalmente.

Creative Commons es una de estas formas, y va más allá de la rigidez del estricto *copyright* que reserva todos los derechos de autor.

Como extensión del *copyleft*[4] de Richard Stallman, *Creative Commons* (CC) es una institución sin ánimo de lucro dedicada a que sea posible compartir y construir sobre el trabajo de otros. CC ofrece licencias gratuitas y otras herramientas legales para destacar el trabajo creativo con la libertad que el autor determine, de modo que otros pueden compartir, remezclar y utilizarlo con fines comerciales o cualquier combinación de las anteriores.

Personalización en Masa (*Mass Customization*)

El modelo de producción de los últimos dos siglos, impuestos por la industrialización, ha sido un modelo de producción en masa. El modelo fordista[5] y el modelo toyotista, derivado del anterior, tuvieron éxito debido principalmente a que introdujeron formas de aumentar la productividad. Su gran innovación fue la creación de piezas en serie y elementos estandarizados, que debían ser idénticos para garantizar las uniones.

4. *Copyleft* es una reedición del concepto *copyright* para describir la práctica del uso de las leyes del copyright, para ofrecer legalidad a la distribución de copias y versiones modificadas de un trabajo, y garantizar que los mismos derechos se perpetúen en las versiones modificadas del trabajo original. Es decir, copyleft es un método general para liberalizar y hacer gratuito un programa (u otro trabajo intelectual), y garantizar que sus versiones ampliadas y modifacadas se mantengan igualmente gratuitas (Wikipedia).
5. El fordismo está relacionado con el sistema de producción basado en la producción en masa: la fabricación de productos estandarizados a gran escala empleando maquinaria especializada y mano de obra no cualificada (Tolliday, Steven & Zeitlin, Jonathan. *The Automobile Industry and its Workers: Between Fordism and Flexibility*, St.Martin's Press. Nueva York, 1987, pp. 1-2).

No ha sido hasta estos últimos años cuando los avances en las tecnologías del diseño asistido por ordenador (CAD) y la fabricación asistida por ordenador (CAM) han empezado a tener un impacto en el diseño y la producción. Estos avances han abierto nuevas oportunidades al permitir la producción y la construcción de formas complejas que hasta hace poco hubieran sido muy difíciles y costosas para diseñar, producir y montar con las tecnologías de construcción tradicionales.

Además de su utilidad en la construcción de formas complejas, la tecnología CAM ha permitido la rápida producción de piezas no estándar a bajo coste y una velocidad mucho mayor que las técnicas anteriores. Esto ha permitido la producción masiva de objetos sin normalizar y por lo tanto se ha dado el paso de la producción en masa a personalización en masa. Con el coste de estos equipos y sus infraestructuras necesarias, cada vez más baratos, son cada vez más accesibles para las pequeñas empresas locales e incluso para particulares.

Nuevo modelo de Mercado Virtual

El fenómeno paralelo de código abierto y colaboración ahora permite participar a cualquier persona en el diseño y personalizar el producto deseado. El bajo coste de producción no estandarizada de objetos ha generado un nuevo modelo para el mercado virtual. Este nuevo modelo está representado por las plataformas de personalización en masa que comenzó a aparecer hace alrededor de tres años.

A través de estas plataformas web cualquier persona puede comprar productos de diseño, encargar un producto personalizado a un diseñador, o crear y hacer un producto por su cuenta. La gente puede incluso crear su propia tienda virtual para vender sus diseños y productos gracias a los servicios digitales especiales que ofrecen estas plataformas.

Estas plataformas han demostrado que la personalización en masa es un modelo económico viable, y que pueden ser particularmente rentables cuando se trabaja en colaboración con los usuarios, al permitirles diseñar sus productos de forma personalizada.

Estas plataformas están basadas en las ideas de *código abierto* (con la posibilidad de descargar diseños, modificarlos y enviarlos a las plata-

formas para su fabricación), el *diseño colaborativo* (con la posibilidad
de intercambiar diseños) y *diseño personalizado* (con la posibilidad para
cualquier usuario, con o sin habilidades de diseño, de producir un
diseño personalizado).

La evolución de estas plataformas no sólo ha traído consigo la oportunidad de diseñarse uno mismo sus propios objetos, sino también ha
potenciado la mentalidad DIY en la fabricación de los mismos.

Fabricación personal (*Personal Fabrication*)/ Talleres de Fabricación (*Fab Labs*)

Por supuesto, los *prosumers* deben tener acceso a los medios de producción. Esto ya está sucediendo en la música, en el *software* y en los
medios interactivos en general, porque los medios de producción son
las habilidades y el talento (que los *prosumers* ya poseen), el conocimiento (que se puede encontrar en Internet) y los ordenadores y otros
dispositivos de *hardware* (que son cada vez más accesibles).

Pero, ¿cómo puede la idea de *prosumer* existir en el marco del diseño
y sus productos? ¿Cómo podemos proporcionar a los usuarios los
medios de diseño y producción de sus objetos? ¿Es posible pasar de
la producción en masa centralizada a la fabricación individual local tal
y como pasamos de ENIAC[6] a los ordenadores personales?

El programa *Fab Lab*, un proyecto del *Center for Bits and Atoms* del MIT,
explora cómo el contenido de la información se relaciona con una
representación física. *Fab Lab* es laboratorio de fabricación digital personal donde es posible hacer casi cualquier cosa, desde una computa-
dora de 1cm × 1cm hasta una vivienda inteligente.

Estos laboratorios (*labs*) están distribuidos en varias partes del mundo
y conectados entre sí mediante Internet y videoconferencias, permi-
tiéndose el intercambio de experiencias y con ello la creación de una

---

6. *Electronic Numerical Integrator And Computer* (ENIAC), fue el primer ordenador electrónico
multifuncional. Fue acuñado por la prensa como un "super cerebro" y tenía el tamaño de una
sala. (Shurkin, Joel, *Engines of the Mind: The Evolution of the Computer from Mainframes to
Microprocessors*, 1996).

red de conocimiento distribuido. Los *Fab Labs* están equipadas con herramientas de última generación, como cortadoras láser, impresoras tridimensionales, máquinas de fresado, y componentes electrónicos para la creación de la inteligencia artificial.

Los laboratorios de fabricación digital son dotaciones de pequeña escala que nos permiten producir dispositivos de fabricación programables personales (*fabbers*). Un dispositivo de fabricación utiliza información digital como instrucciones a partir de las cuales se produce un objeto sólido tridimensional, que puede ser un modelo o prototipo o un producto final. Se considera que la llegada de los *fabber* supone la aparición de la fabricación de sobremesa, por analogía con la revolución de la autoedición. De la misma manera que la impresora del ordenador llegó al escritorio, los *fabbers* están llegando a nuestros pequeños laboratorios y a nuestros hogares, llevando con ellos la posibilidad de fabricar no sólo objetos, sino incluso copias de sí mismos. Los *fabbers* personales son la revolución en las técnicas de fabricación digital. Son los medios de orientar la producción de diseño de la escala industrial hacia la pequeña escala incluso a la escala individual del *prosumer*.

La transición del sistema de comunicaciones analógico al digital, y la tecnología de la información nos permitió tener ordenadores personales conectados a escala global a través de Internet. Ahora parece que la fabricación digital y plataformas como el *Fab Lab* nos permiten pasar de la producción en masa centralizada a la fabricación personal local.

El diseño colaborativo y de código abierto, así como tecnologías avanzadas de CAD / CAM abren nuevos caminos tanto en el diseño como en los procesos de fabricación que permiten a los usuarios participar activamente. El papel desempeñado por el diseño colaborativo y las tecnologías de fabricación digital son fundamentales y muy similares a los del código genético que construye nuestro cuerpo. La investigación en las tecnologías digitales de fabricación nos lleva al desarrollo de dispositivos de fabricación programables personales (*fabbers*), que pueden convertir información digital (código genético) en productos físicos (cuerpos).

1.16

SEIS PROPUESTAS PARA ESTE MILENIO

Modulab

En 1984 Italo Calvino escribió SEIS PROPUESTAS PARA EL PRÓXIMO MILENIO, una serie de conferencias que deberían ser dictadas por él mismo al año siguiente, invitado por la Universidad de Harvard.

Las seis conferencias iniciales quedaron en cinco al morir antes de acabar la última. Las otras cinco tituladas: LEVEDAD, RAPIDEZ, EXACTITUD, VISIBILIDAD, MULTIPLICIDAD; versaban sobre las cualidades de la literatura pasada que, en el parecer de Calvino, deberían guiar la literatura del siguiente milenio.

Si tomamos como cierto que, el espíritu de una época se manifiesta en todas las artes, las mismas cualidades enunciadas por Calvino, para, ya este milenio, se podrían aplicar a la arquitectura. Releyendo sus palabras nos da una cierta confianza de que vamos por el buen camino, y que si hay una arquitectura que jugará un papel relevante en este milenio esta es la que llevamos haciendo en Modulab desde el año 2007, una ARQUITECTURA INDUSTRIALIZADA POR COMPONENTES LIGEROS y que de forma intencionada y posiblemente con gran carga de oportunismo queremos traducir en los siguientes conceptos:

LEVEDAD:

Una arquitectura que tenga en la ligereza su expresión. Que se aparte de los criterios establecidos de pesadez y masa asociados al ladrillo y al hormigón. Que tiene, como en sus orígenes, al aeroplano como referencia. Y que sigue los pasos de los pioneros Fuller y Prouvé entre otros.

1. José Antonio Corrales en *Alejandro de la Sota Seis testimonios*. Papers Coac.

RAPIDEZ:

Una arquitectura que tenga en la rapidez su ventaja competitiva, que reduzca los plazos de ejecución a la mitad o incluso a la tercera parte, y por otro lado, al igual que en la propuesta de Calvino que cuente las cosas del modo más directo e inmediato posible.

EXACTITUD:

Una arquitectura que tenga en la precisión de la construcción su valor, que permita a las nuevas técnicas constructivas de control numérico expresar sus posibilidades, que emplee los elementos justos para su elaboración.

VISIBILIDAD:

Una arquitectura que cree una nueva imagen de marca que lave el pasado que la primera generación de la prefabricación dejó tras de sí con el rechazo de los usuarios a la monotonía gris y generalista de los grandes prefabricados de hormigón.

MULTIPLICIDAD:

Una arquitectura que pueda ser repetida, tanto en modelos de catálogo, tomando para la arquitectura el concepto del prêt-à-porter de la moda, como en la creación de sistemas que permitan la mayor diversidad aplicando una serie de patrones establecidos.

Por último nos permitimos completar la sexta propuesta inconclusa de Italo Calvino con la que creemos que es la etiqueta ineludible en la arquitectura en este despuntar de milenio y es:

SOSTENIBILIDAD:

Una arquitectura que entienda el ciclo de vida completo de la construcción, desde la fabricación de los materiales hasta el fin de la vida útil de la edificación, el consumo de energía y la procedencia de los materiales, no solo materiales reciclados, sino arquitecturas reciclables.

Pero al igual que dijo Italo Calvino, no es que rechacemos la otra arquitectura, si no que sobre esta creemos tener más que decir.

REFORMULACIÓN DE VIVIENDA SUBURBANA

Fernando Altozano y Sebastián Severino

Una de las situaciones preocupantes en que puede encontrarse nuestra profesión es la necesidad de reformar lo nuevo, es decir, de rehacer una pieza recién construida, especialmente si en la pieza a rehacer se pueden apreciar, de algún modo, buenas intenciones por parte de sus arquitectos.

La reforma realizada en el PAU de Las Tablas en 2009 parte de esa condición. El piso de tres dormitorios en su estado inicial pertenece a una pareja joven, que por medio de una cooperativa se hizo con él a un precio razonable bajo plano, es decir, se comprometieron con la compra antes de que estuviera construido.

El edificio es un bloque abierto con todas las viviendas en esquina, que cumple con los estándares y normativas, nacionales y locales. Las viviendas son similares entre sí con suelos de tarima de roble sobre base de sapelli, armarios empotrados con cierres en tablero chapado, aire acondicionado y dos baños en una espina central en la que se encuentran los baños del vecino también.

Cuando por fin recibieron las llaves y visitaron el piso que conocían sólo en planta, acordaron inmediatamente no mudarse allí a vivir desde su diminuto apartamento de alquiler. No creyeron posible realizar una reforma que pudiera cambiar el carácter del piso, pero aún así nos consultaron.

El planteamiento surge del estudio de este rechazo, el cual muestra que la elección de vivir en los nuevos suburbios madrileños, deficientes en su planeamiento sólo se compensa mejorando las condiciones de la vivienda; y por otro lado, que resulta muy difícil identificarse hoy con un piso corriente.

Es conocido que hoy cada vez que se termina un edificio de vivienda colectiva aparece en su puerta un contenedor en tiempo record para personalizar la casa de algún propietario y que una vez abierta la veda proceden los demás vecinos de igual modo. La estrategia económica es sencilla, consiste en prolongar la hipoteca unos años más, y esto proporciona al propietario el lujo de haber estado involucrado en el proceso, y poder aplicar y transmitir socialmente sus propias decisiones sobre su casa.

Los estándares constructivos que hoy se aplican, se oponen a esta realidad y toda reestructuración supone un gran gasto.

Nuestro trabajo no consistió en una reforma que cambiara un estado acabado por otro, sino en la transformación de la raíz de la casa en una infraestructura capaz de generar una amplia gama de soluciones sin que eso supusiera un gran esfuerzo. Y siempre intentando reutilizar el material existente.

Mano a mano con los propietarios se comenzó el derribo, unidad tras unidad, de todo aquello que oscurecía la comprensión de la casa, de sus tecnologías y de su funcionamiento. La intención no era destruir sino establecer un nuevo marco de actuación. Así fueron desapareciendo falsos techos que escondían trabajo realizado sin rigor, falsas vigas que escondían errores de ejecución, envolventes cerámicas de la estructura decididas bajo una estrategia defensiva de contratistas y arquitectos, etc. Se reorganizó la posición de las instalaciones –en su paso por la tabiquería– hacia un anillo perimetral en la fachada o linderos (fijos) que por último dispusiera un sistema de llaves y enchufes a las que pudieran acoplarse posibles particiones siempre concebidas como elementos de mobiliario completos y totalmente equipados. Esta nueva condición permitía su movimiento dentro de la casa sin producir daños o repercusiones al resto. Los propios tabiques terminaron por desaparecer ya que su encuentro con el forjado realizado antes que la capa de relleno de mortero (como marca el estándar) aseguraba dos centímetros de error a nivel del suelo en ambas caras, y por tanto no permitía una pavimentación continua.

Todo el conocimiento y las sorpresas que surgieron del derribo fueron suficientes para tomar todas las decisiones; se redujo la producción de diseño al mínimo; se aprovecharon las brechas del derribo para canalizar circuitos, se unieron radiadores en grandes series y se llevaron de los antiguos tabiques a las fachadas, y se dejó todo aquello que fuera posible a la vista.

El resultado es una infraestructura para una habitabilidad lógica y progresiva que pueda adaptarse a los posibles estadios vitales de la familia y que permite imaginar soluciones (aún desconocidas) que serán descubiertas únicamente cuando nazca su estricta necesidad.

1.18

SERIE E-OO

José Ruiz-Esquiroz. Zon-e arquitectos

e_01 Pabellón Bienal Rotterdam   2003   expositor de maquetas

e_02 Vivienda-estudio Madrid   2005   mesa-estantería

e_03 Vivienda Pamplona   2006   umbral-estantería

e_04 Ático Pamplona   2008   medianera-estantería-2h

e_05 Vivienda-estudio Barcelona   2008   celosía techo-mesa-estantería

La introducción de herramientas digitales para la experimentación formal se produjo en nuestra disciplina a mediados de los 90, gracias al agenciamiento de tecnologías desarrolladas sobre todo por la industria cinematográfica y aeronáutica. Se abrió entonces el debate entre los *morfodinámicos* y *morfogenéticos*. Mientras los primeros se preocupaban de la transformación de la forma a través de su afección por unos *campos de fuerzas virtuales*, los segundos proponían una serie de *algoritmos* cuya reiteración era capaz de generar complejas estructuras formales. Ambos procesos fascinaban no sólo por su novedad, sino porque iban más allá de nuestras capacidades formales intuitivas, aunque fueran tachados por sus excesos *arbitrarios* (los primeros) y *deterministas* (los segundos).

Con la creación de formas dinámicas digitales se acuñó el concepto de *geometrías anexactas, pero rigurosas*.[1] Ya no se trataba de geometrías *eidéticas*, repetibles en cualquier circunstancia, o de formas preconcebidas y platónicas, que habían dominado la historia de la disciplina dese sus orígenes. Estas nuevas geometrías diferenciales hacían referencia al concepto deleuziano de *cuerpo sin órganos*;[2] aquel que en lugar de una clara organización interna y un sistema de proporciones, se definía por las fuerzas e intensidades que constantemente lo atravesaban, reflejando en su forma la complejidad de su *contexto vectorial*. Estas *geometrías anexactas* requerían para constituirse más información que las *eidéticas*, pero con las nuevas computadoras se podía

1. Greg Lynn, "Probable geometries: the Architecture of Writing in Bodies", en *Any* 0 (mayo/junio 1993), pp. 44-49.
2. Gilles Deleuze & Félix Guattari, *Mil Mesetas. Capitalismo y esquizofrenia*. Ed. Pretextos. 1997.

gestionar esta sobredosis a un costo muy bajo. Además, donde realmente se reducía costos era en la supresión de intermediarios, gracias a la comunicación directa del diseñador con la máquina que fabricaba el modelo a escala real.

Por ejemplo, en las cinco encarnaciones realizadas de la *serie e_oO* que aquí se presentan, se realizaron los modelados tridimensionales directamente por ordenador, para ser fabricadas posteriormente mediante maquinaria de control numérico sin apenas intermediarios. Todas se montaron *in situ* en sólo dos días, con mano de obra no especializada, y utilizando siempre un material muy barato: planchas de DM.

Por otro lado, desde un punto de vista *lingüístico*, estas formas no reproducen nada más que su propio proceso de transformación. No son más que un índice, un signo temporal que evita simbolismos. Igualmente, el material no pretende significar nada, manteniéndose completamente abstracto.

En resumen, desde nuestro estudio (<www.zon-e.com>) hemos producido esta *serie abierta y multifuncional*, cuya forma reinterpreta vectorialmente las solicitaciones del contexto, utilizando maquinaria de control numérico que nos hace cuestionar la manera de fabricar empleada desde la Primera Revolución Industrial, pasando de la repetición en serie de elementos modulantes, a una *fabricación no estándar de geometrías anorgánicas*, que se adaptan sin violencia ni sobrecostes a los espacios cotidianos sobre los que actuamos los arquitectos.

1.19

PROGRAMACIÓN DE ECOSISTEMAS VIRTUALES COMO LABORATORIOS DE NEGOCIACIÓN: PROTOZOOP

Sergio del Castillo

Autor: Sergio del Castillo Tello (NaN ; URL: <www.NaNetwork.Net>;
INFO: <info@NaNetwork.Net>)

Colaboradores: Eva Castiñeira, Javier Argota; desarrollado dentro del
Taller de Tecnificación Proyectual 100x10 (<www.100x10.com>).

Video explicativo del proyecto: <www.vimeo.com/27642885>.

0. Antecedentes (Terminología, Referencias)

0.1 TERMINOLOGÍA

OOP son las siglas de Oriented Object Programming, un paradigma de
programación que usa objetos y sus interacciones, para diseñar aplicaciones que acometen una tarea.

0.2 REFERENCIAS

Libro *Victimas* (J. Hejduk), donde se muestra la narrativa entre numerosos entes y sus reglas de interrelación; Sistemas programados *multiagente* como "Autonomy Lab experiment 36 iRobots" de Borys Biletskyy.

1. Objetivos (Definición, Propósito)

1.1 DEFINICIÓN

El proyecto ProtozOOP (Ecosistema Virtual) consiste en crear un
sistema de relaciones entre entes abstractos, un entorno artificial
con múltiples condiciones de contorno, cuyas partes interactúen
entre sí para alcanzar un estado de equilibrio del conjunto. Se plantea
un sistema de relaciones entre 14 entidades icónicas (agentes) que
reaccionan entre ellas según su comportamiento programado siendo capaces de aprender de sus logros y errores. Cada agente tiene
asociado un identificador (ID) y son programados con una RUTINA

(comportamiento), una ALERTA (satisfacción o insatisfacción de su comportamiento) y un DOMINIO (entes a los que afectan directamente por su comportamiento). Los usuarios de la instalación se identifican con cada agente y deben gestionar la negociación para alcanzar un equilibrio del ecosistema de tal modo que la instalación funciona como un asistente de consecución de acuerdos.

1.2 PROPÓSITOS

a. conseguir la GESTIÓN instantánea y simultánea de las variables y los recursos, para convertir el escenario de juego en una Realidad simulada.

b. anteponer el COMPORTAMIENTO frente a la forma. La identidad de un agente nace de su propio comportamiento reactivo, actualizando su expresión formal con cada toma de decisión, supeditando el aspecto de la unidad siempre a la red de posturas relativas.

c. lograr la TRANSPARENCIA de los procesos internos, mediante la representación codificada de las zonas de influencia, la localización, las interrelaciones entre agentes, que aprovecha la capacidad de registro y de cómputo constante del entorno programado, y puede expresarse en una narrativa comprensible y publicable, hacia una metodología de proyecto.

d. idear un sistema multiagente, herramienta programada idónea para la consecución de proyectos en red, manipulable a través de una interfaz visual modal de sencilla utilización.

e. ESTRATEGIA frente a resultado. Representadas, observadas, registradas y criticadas las relaciones, no los objetos finales. La programación antes que el objeto.

f. articular un sistema ABIERTO, que incluya en sus procesos su propia evolución, a través de estructuras de programación adaptativas, que asumen la revisión del código en función de los resultados, es decir a través de agentes sensibles a las condiciones de contorno que tienen la capacidad de aprender de la experiencia imprevisible por condensación de los resultados en herramientas nuevas.

g. manifestar ECOSISTEMAS o escenarios inesperados producto del comportamiento simultáneo y derivado de identidades limitadas, generativas por superposición, de un equilibrio de intereses, de un estado convivencial confortable.

h. plantear el ESTUDIO COMPARADO de los escenarios posibles, relativos a un determinado ciclo relacional, dentro del marco de una realidad dinámica, en la que no puede haber una única solución ideal de estado de equilibrio, sino varios escenarios óptimos y optimizables, donde todo agente pierde y gana por en pro de la comunidad, y en la que siempre hay posibilidad de mejora.

i. hacer visible la NEGOCIACIÓN como instrumento imprescindible, asociando la acción con el consenso, y vinculando la participación interactiva de todos los agentes y todas las disciplinas, con los engranajes del sistema, y con el más íntimo funcionamiento inherente al conjunto, que es en sí mismo laboratorio de colaboración capaz de traducir la negociación a una familia de leyes rectoras.

j. buscar el EQUILIBRIO entre la intención de proyecto y los resultados computacionales, entre los agentes, como entes autónomos de unidad programada, y el ecosistema, como sugerencia de cálculo, como producto convivencial y fruto de trabajo.

k. alcanzar la INFORMALIDAD como expresión del proyecto a modo de nube topológica adaptativa. Será el lugar de encuentro y gestión entre todos los intereses, no una imposición concreta.

l. responder a la naturaleza NEMATOLÓGICA del problema, naturaleza en la que intervienen múltiples parámetros interrelacionados incapaces de ser analizados por separado.

2. Metodología (Protocolo)

2.2 PROTOCOLO

Para programar un Ecosistema Virtual se elabora un diagrama de SMA. Un sistema multiagente (SMA) es un sistema distribuido donde la conducta combinada de dichos elementos o agentes produce un resultado en conjunto "inteligente", capaz de tender a la consecución de un objetivo. Es importante entender que los agentes (IDs) no son necesariamente inteligentes. Existen dos tipos de generación sistemas multiagentes, el formal y el constructivista; este último, que es nuestro caso, procura dotarle de inteligencia al conjunto de todos los agentes, para que a través de mecanismos elaborados de interacción (rutinas programadas), el sistema mismo genere comportamiento inteligente que no necesariamente estaba planeado desde un principio o definido dentro de los agentes mismos (que pueden ser muy simples). Este tipo de conducta global es habitualmente llamado comportamiento emergente.

2.2.0 DESCOMPOSICIÓN. El SMA se caracteriza por la Autonomía: los agentes son al menos parcialmente autónomos, cada uno está provisto de un objetivo a alcanzar; Visión local: ningún agente tiene una visión global del sistema, o el sistema es demasiado complejo para un agente para hacer un uso práctico de esos conocimientos; Descentralización: no hay un agente de control global designado, todos aportan al conjunto, solo puede haber restricciones prefijadas por consenso apriorístico.

2.2.1 FORMULACIÓN. Un ejemplo de formulación de agente es el agente ID00; Rutina: Examina vistas frontales mediante su normal. Alerta: Cuando encuentra enfrente una obstrucción (otro ente que esté dentro de su dominio). Dominio: agentes 1, 2, 4, 9 (agentes tomados como posibles obstrucciones computables).

2.2.2 MODELADO. Basándose en la informalidad adaptativa del agente (también llamados AIA Abstract Intelligent Agents), las formas icónicas representadas que se asocian a cada agente varían según las rutinas con las que han sido programados, manifestando a cada instante y en cadena la fluctuación del sistema, no son preexistencias inamovibles y siempre dependen como resultados del conjunto en la medida en que su naturaleza nos permita.

2.2.3 INTEGRACIÓN: ensamblaje y aproximación. Todos y cada uno de los agentes pueden ser entendidos como pulsiones de cada una de las disciplinas implicadas en el proyecto, o como clusters o subsistemas o partes analizables por separado o agrupables de un proyecto en concreto (agente sistema de cerramiento, agente estructura, agente clima, agente condiciones de contorno o de lugar...etc). El sistema multiagente permite poner a todas ellas en acuerdo, en contacto, en diálogo, sin que haya ninguna que se imponga sobre las demás sin haber entendido todas simultáneamente en conjunto. La selección del orden e importancia en que entran los agentes a conformar el proyecto es parte del proyecto en sí mismo, y es transparentado como una decisión tomada como regla consensuada, si existiera.

2.2.4 EXPLORACIÓN. El usuario manipula, a través de unos marcadores de realidad aumentada (en nuestro caso, fichas fiduciales de Reactivision, open source) controlados por una cámara web, la posición de los identificadores que agrupados dan lugar a un protozOOP, que es este esquema topológico de relaciones y transacciones entre usuarios. Los usuarios (que pueden encarnar esas disciplinas, departamentos, agentes involucrados) de este modo se comprometen como programadores del protozOOP dentro de este laboratorio visual.

a. Registro de objetivos y condiciones de parada: Cada fase puede suponer descubrir una sinergia entre agentes no pensada a priori, que puede ser interesante conservar; se fijan esos logros, o se corrigen esos errores, mientras el resto de agentes del sistema siguen buscando alcanzar sus objetivos parciales, pero partiendo de este nuevo escenario.

b. Ciclo y condiciones de recálculo: Se computa constantemente en ciclo cerrado el recálculo de relaciones y análisis y acción hasta que se alcance una condición de parada, como, por ejemplo, alcanzar más de un 90% de óptimo comportamiento entre agentes.

3. Resultados (Conclusiones)

La postura escéptica frente las nuevas tecnologías de proyecto radica
en el peligro que supone delegar todo el resultado a la programación,
dejando de tener control necesario sobre la toma de decisiones del
proyecto, buscando una ansiada justificación cientificista del mismo.
Se deben establecer los roles justos entre herramienta e ideación para
que no existan aberraciones impuestas por ninguna de las partes. La
aberración por parte de la idea puede conllevar decisiones superfluas
de consecuencias negativas cuantitativamente demostrables; la aberración por parte de la técnica, puede conllevar la creación de artefactos poco sensibles ante necesidades y condiciones de contexto no
cuantificables. El problema es mayor en equipos multidisciplinares en
los que se deben elaborar estrategias programadas que arbitren todas
las visiones de expertos y transparenten cómo afectan unas a otras,
para su análisis, revisión y modificación en tiempo real. El resultado
debe ser un "modelo adaptativo", un prototipo que nos sugiera las
mejores soluciones equilibradas de las posibles, nunca un único producto impuesto resultado de unas normas programadas inflexibles.
Un consenso programado y no metafórico, resultado de la negociación
entre agentes y expertos, entre colectivos involucrados.

La estructura de este entorno de colaboración manifiesta la naturaleza
topológica de los ecosistemas como orden resultante de una solución
frente a un problema nematológico, que son aquellos problemas en los
que intervienen múltiples parámetros interrelacionados e imposibles
de ser analizados por separado. Esta estructura da lugar a soluciones
que son igualmente flexibles y relacionales, a agrupaciones subdi-
visibles, fusionables, comparables, capaces de asumir cambios de
condición, y de lograr la pervivencia de la identidad sin contención
de la propia transformabilidad. Porque no hay una solución única de
estado de equilibrio, ni un sólo máximo de confort, se multiplican los
esquemas topológicos posibles, y en su interior, todos los agentes que
trabajan por sí y en pro de la comunidad, en un laboratorio productivo,
fábrica de leyes imprevisibles que regirán el futuro insospechado del
ecosistema siempre en deriva evolutiva.

2. ARQUITECTURAS
COLABORATIVAS

UN MÉTODO ES UN PROYECTO

Federico Soriano Peláez

Desde hace tiempo venimos impulsando la idea que un proyecto es un procedimiento más que el resultado de un proceso. Explicaba en otros textos cómo en los procesos, una vez establecidas las condiciones iniciales de arranque, los cambios se generan automáticamente, avanzando inexorablemente hasta el final. Se generan así objetos acabados, fijos e inmutables tanto como si se hubiesen concebido por otros sistemas disciplinares clásicos o científicos. En estos casos los datos iniciales, el problema que nos es dado, tienen todas las identificaciones genéticas de su resultado. Nuestra acción es sólo dar el impulso inicial y dejar hacer.

Explicaba igualmente cómo los procedimientos son, por el contrario, actuaciones por trámites que se realimentan constantemente, modificándose la trayectoria generada, ya sea por el entorno o por el propio proceso, integrando o absorbiendo nuevos datos, condiciones cambiantes o la aparición de agentes recién llegados. Estamos siempre encima de la evolución porque debemos responder a cualquier cambio que sufra ese sistema inestable.

En este texto querría llegar a más y proponer que un método, o una metodología, ya es un proyecto. Lo prefigura. Lo define, lo formaliza, lo controla, lo acota. Que un método, aunque el diccionario lo asimila a un procedimiento, no es lo mismo que él, está más cercano a lo que significa para nosotros un proceso. Y que debemos aprender por tanto diversas metodologías que permitan abrir los sistemas de creación si queremos seguir manteniendo procedimientos abiertos en el proyecto arquitectónico.

Según el Diccionario Oxford de Filosofía un proceso es una serie de cambios que posee algún tipo de unidad subyacente, o principio unificador. Entendemos que el proyecto es esa unidad subyacente que liga continuamente las características y los cambios, otorgándole una aparente estabilidad. El proyecto es el seguro que tenemos para confiar en que se va a producir un resultado al final de todo el devenir. La concepción, lo que trasnochadamente se llamaba la idea, es exclusivamente un arranque inicial y el resultado, que puede ser imprevisible, desconocido, sorprendente, va cambiando y se ha alejado definitivamente del origen.

El procedimiento elimina ese círculo cerrado y aislado del proyecto a la vez que superpone, durante todo el desarrollo, la concepción y la realización, en una sola acción. El final es igualmente imprevisible, desconocido, sorprendente, pero, ahora lo es porque cambian, o pueden cambiar, los datos y los procesos al ser sensible a todo lo que ocurre fuera de las condiciones iniciales. El objeto arquitectónico es el resultado y también todo el transcurso que ha llevado hasta él, todas sus variaciones posibles, sus evoluciones y las ramas de desarrollo abandonadas. Entre ambas modalidades, procedimientos y procesos, existe la misma diferencia que entre los sistemas abiertos, que pueden no tener modificación de entropía, porque lo externo puede suponer un intercambio de energía, y los sistemas cerrados, de los que el proceso forma parte, que siempre tienen incrustada la flecha de la entropía, y todo tiene una posición y una definición precisa.

Hemos observado, igualmente, que los instrumentales y herramientas que utilizamos para desarrollar un proyecto ya prefiguran su resultado. Cada vez más, los sistemas de dibujo, las maquinarias y programas informáticos que empleamos, tienen una configuración cerrada de órdenes. Se constituyen como métodos, ya que son, cada uno de ellos, un sistema reglamentado. Se tiene un método cuando se sigue un cierto camino para alcanzar un cierto fin, propuesto de antemano como tal, tomando esta definición del Diccionario de filosofía de Ferrater Mora. Un método es un orden expresado en un conjunto de reglas. Es una instrucción que enlaza las posibles transformaciones manteniendo la unidad subyacente.

El método se ha sustentado ideológicamente en el establecimiento de una relación directa con la realidad que trata de dominar, una relación que se nos ha hecho creer que es verdadera, la única verdadera. Nos dicen, la realidad es indiscutible, de la misma manera que el proyecto tiene unas leyes innegables y seguras que determinan la manera en la cual debemos aprender y producir. Aprender métodos inadecuados conlleva producir resultados erróneos. También se añade la convicción de que el método es universal. Por ello puede ser aplicado por cualquiera. Pero la falacia de esta definición del método es que al parecernos universal, impersonal, reglamentístico, parece ser totalmente abierto y pensamos que no configura el resultado. Que lo que

producimos es muy distinto entre unos y otros y que de alguna manera
se puede etiquetar como libre creación. Pero no es así. Elegir un método, o el método que la academia ha enseñado desde hace tiempo, es
elegir el resultado. No nos engañemos. Elegir un método es seleccionar una forma, trabajar con un único tipo de espacio, decidir un resultado, saber la conclusión. Porque un método es un proceso; los dos
son un conjunto de reglas.

No existe un método sino que tenemos que forzar el aprendizaje de
metodologías inespecíficas, de métodos de un solo uso, que se adap-
ten a cada procedimiento, o que directamente los inventen. El procedimiento, ya lo hemos visto, es justamente lo que no tiene un solo orden,
ni un conjunto de leyes inmutables, ni se mantiene dentro de unos
límites de un conjunto localizable. Se modifica en su totalidad, o al
menos, ese es su potencial. Para cada procedimiento debemos negociar una convención, que es un estatuto o una reglamentación flexible
de cómo hacer el proyecto.

Debemos tener presente que una metodología también limita un resultado porque, en el fondo, su elección ya lo es. Lo que nosotros aprendemos son metodologías y no un método. Por eso es tan importante
conocer y variar. Ensayar. Trastocar. Debemos enseñar metodologías
frente a depurar un sólo método, aunque reconozcamos que ha sido y
seguirá siendo muy efectivo. O, incluso más importante aún, pero más
difícil, debemos enseñar a inventar metodologías.

TU IDENTIDAD COLECTIVA

Almudena Ribot Manzano

1. Lo individual y lo común

En una entrevista Herzog & de Meuron sostenían que la arquitectura no es democrática. Así decían, bastante provocativos. Puede que tengan razón, en nuestro trabajo hay una decisión final y esta suele ser personal y con un responsable último. Sin embargo, nos resulta insoportablemente antigua la imagen del arquitecto aislado en su estudio, solo frente al peligro. Ese individualismo está prácticamente acabado. Hoy sabemos que todo está interconectado y todos formamos parte de una red, hasta los considerados outsiders. Además la actitud social de colocar un actor detrás de cada escenario es bastante simplista y tiene más que ver con la responsabilidad jurídica que con la ampliación de conocimiento.

Los arquitectos nos movemos en esta a ambivalencia, identidad individual frente a organización colectiva, y los estudios hacen difíciles equilibrios entre ambas realidades. Quizá lo que sucede es que ambas no son categorías tan contradictorias, sino que forman parte de una misma realidad. El espacio colectivo se define desde la negociación entre las distintas identidades que lo conforman y aprendemos a participar en él desde nuestra subjetividad.

2. Arquitecturas Colaborativas

Aquí apostamos por explorar estas cuestiones, jugar a modificar los límites y experimentar distintos grados de colaboración. Los trabajos que presentamos son parte de esta investigación, arquitecturas que podríamos llamar colaborativas. Un paso en un vasto territorio que explora distintas estrategias de colaboración en el proyecto arquitectónico.

Por el momento trabajamos en la frontera: mantenemos cierto grado de autonomía e introducimos cierto grado de negociación colectiva, es decir posibilitamos la heterogeneidad sin suprimir la individualidad. Variamos los grados de una y otra, con el objetivo de ir ampliando la colaboración colectiva, aunque ajustando esta a las respuestas concretas que obtenemos de los diversos participantes en cada proyecto.

Nuestra propuesta parte de ideas bastante simples que adquieren complejidad al superponerse, al ponerse en relación unas con otras. En términos generales podríamos resumirla en lo siguiente: sabemos que no estamos solos, por lo que buscamos procedimientos de trabajo que fortalezcan alguna particularidad de esta idea general e inducimos a realizar acciones concretas, acciones que nos permiten aprender.

Estas son algunas de las ideas particulares que nos ayudan en este proceso:

2.1. OTROS YA HAN ESTADO ANTES

Sabemos que empezar de cero, desde el papel en blanco, hace tiempo que se ha acabado. Ahora trabajamos desde una cantidad increíble de datos. El reto está en bucear entre ellos y seleccionar aquellos potencialmente significativos.

Por eso trabajamos con referencias. Las obras de arquitectura, los sistemas estructurales y constructivos ya empleados, los materiales concretos y las atmósferas conseguidas por otros, son parte de la base de datos de nuestro proyecto. Buscamos fragmentos interesantes de proyectos anteriores y no necesariamente obras con programas similares. Confeccionamos unas listas de apropiación obligada y las repartimos.

Esto se traduce en inducir al participante a coger lo existente y transformarlo. No hay pudor, toda la cultura generada anteriormente es tu paleta de trabajo. Cógela y genera nuevos significados, si tienes suerte harás algo mejor.

2.2. PREEXISTE ALGO

Sabemos que el contexto es el punto de vista esencial, el del proyecto y el propio. En el lugar, aunque sea poco específico, siempre existe algo. En tu bagaje cultural también. Ambos están cambiando permanentemente y se muestran cargados de significados, aquí y ahora.

Trabajamos con cartografías. Buscamos en la red. Usamos máquinas CNC. Exploramos nuevas herramientas.

Esto se traduce en detectar los patrones que se generan tras los acontecimientos. Elige tu mirada más astuta para cartografiar lo existente. Busca en lo común bajo tu subjetividad más radical.

2.3. MIRA ALREDEDOR

Sabemos que se aprende por reflejo, todos somos más hábiles como críticos que como creadores. Empecemos por mirar a nuestro alrededor, al entorno más próximo.

Trabajamos en alto, en común y con discusiones públicas. No hay correcciones individuales. También buscamos grupos diversos y potenciamos los encuentros inesperados.

Esto se traduce en dos acciones muy concretas: mira a los otros e intercambia información. Los comportamientos más complejos surgen en los encuentros más casuales.

2.4. TE AFECTA

Sabemos que trabajar colectivamente pasa por negociar y también sabemos que se aprende más con las cosas que te afectan. Intentamos unir ambas ideas.

Por eso proponemos negociaciones imprescindibles, del tipo "si no colaboras con los vecinos tu proyecto no se mantiene". Además facilitamos la colaboración haciendo que todo el grupo use el mismo formato en cada ejercicio. Es más fácil negociar si hablamos el mismo lenguaje.

Esto se traduce en que el resultado del grupo es más rico que la suma de los resultados que lo componen. La negociación te interesa, la colaboración con el vecino mejora tu proyecto.

2.5. MÁS ES DIFERENTE

Sabemos que más es diferente. No tratamos de acertar a la primera. Tampoco seguir el camino dorado hacia la perfección del curso ideal. Se trata de ir acumulando. Si generamos un gran número de propuestas ampliaremos las posibilidades de relación. Ahí surgirá el interés.

Por eso nosotros también trabajamos desde lo aprendido. Frente a la postura tradicional en la enseñanza de proyectos de arquitectura, en la que cada vez se inventa un nuevo sistema de curso, nosotros seguimos insistiendo.

Esto se traduce en que reciclamos contenidos, insistimos en lo ya aprehendido. Probamos en un proyecto cuatrimestral y si nos interesa ampliamos en el siguiente con pequeños hallazgos encontrados. Somos conscientes de que pertenecemos a una red y a un futuro mucho más amplio y complejo.

3. Desatención educada

Y así va saliendo el proyecto. Las negociaciones concretas son las cuestiones a discutir y aprendemos a proyectar sin tener que instruir sobre ello. Desenfocando la atención se va resolviendo la cuestión fundamental, sin ponerla en primer término. Porque lo que sí sabemos, por encima de todo, es que las cosas importantes se dan en los escenarios menos grandilocuentes.

Al mismo tiempo, es productivo pensar con cierta ambigüedad, la negociación espacial es posible si mantenemos a la vez las distancias, tampoco hace falta compartirlo todo. Trabajamos con algo parecido a lo que los sociólogos llaman desatención educada, una especie de tolerancia que nos permite interactuar y a la vez mantener cierta indiferencia recíproca.

En el fondo reproducimos el comportamiento de una ciudad. En la escala macro, en el proyecto presentado en esta publicación, en la

"M-30", y en la escala micro, en el proyecto de la estantería, "la vida
instrucciones de uso"; en el primer caso en organización horizontal y en el segundo en vertical, emulamos la característica que nos
resulta más atractiva de la ciudad: la aglomeración de diferencias
consentidas.

2.3

MACROESTRUCTURAS

Ignacio Borrego Gómez-Pallete

La capacidad de respuesta de las estructuras está condicionada por su escala, tanto en las estructuras portantes, como en las colaborativas. Ambas estructuras, las físicas y las organizativas, han sido protagonistas en el desarrollo de este curso del CoLaboratorio en el que hemos actuado a lo largo de la M30 en Madrid.

Estructuras portantes

La respuesta mecánica de las configuraciones estructurales está relacionada con la disposición geométrica de sus elementos y de las características mecánicas de los materiales empleados. *Materia y geometría* son parámetros ineludibles en cualquier reflexión sobre el comportamiento de una estructura portante.

D'Arcy Wentworth Thompson publica *On Growth and Form* en 1917, una obra que recoge de manera sistemática el papel de la física y las matemáticas en la determinación de la forma y la estructura de los seres vivos, y que ha estimulado a biólogos y otras disciplinas relacionadas con las capacidades mecánicas de los cuerpos, tanto vivos como inertes. D'Arcy W. Thompson anticipa con detalle una clasificación de todos los cuerpos presentes en la naturaleza en función de su escala a través de una taxonomía de potencias de diez[1] que retomarían más adelante Charles and Ray Eames,[2] y que evidencia cómo la configuración de los elementos estructurales varían según el crecimiento. Al variar la *escala* una sección resistente aumenta solamente al cuadrado, mientras que su volumen, y por lo tanto su peso propio, lo hace al cubo. Es decir, las formas no son óptimas en sí mismas, sino en relación a su escala.

Aparte de esta reflexión acerca de la escala, Thompson también nos ilustra acerca de la optimización estructural de la *forma*, y cómo la

---

1. D'Arcy Wentworth Thompson. *On Growth and Form*. Cambridge University Press. The MacMillan Company, Nueva York 1945 (primera publicación en 1917), p. 66.
2. Charles y Ray Eames. *Powers of ten* [película], IBM 1968 (8 minutos), versión de prueba, 1977 (9 minutos), versión definitiva. EEUU.

naturaleza lo hace de forma sorprendente con soluciones más audaces como el aligeramiento de la estructura ósea de un metacarpiano del ala de un buitre en forma de cercha.[3] La eficiencia es el objetivo final de un planteamiento estructural, y reside en la oportuna distribución de la mínima cantidad de material para conseguir soportar unas cargas previstas. Se trata de un "esfuerzo por ahorrar esfuerzo",[4] que permite ajustar los recursos materiales y los medios de ejecución a la solución técnica más adecuada.

Los cuerpos de los atletas están adaptados morfológicamente al tipo de solicitaciones demandadas por cada deporte. En el caso de los levantadores de pesas, la corpulencia debe responder a una reacción explosiva en la que el funcionamiento cardiovascular no es tan relevante frente a la potencia muscular. El peso propio del atleta no es un inconveniente sino todo lo contrario, ya que un mayor peso propio le permite almacenar mayor cantidad de musculatura y por lo tanto mayor capacidad de levantar su objetivo.

En el caso extremo tenemos a los maratonianos, atletas fibrosos, esbeltos y ligeros, donde la fuerza es importante pero debe ser alcanzada de manera eficiente, ya que cada gramo de peso propio debe ser transportado durante 42 km y 195 m.

Esta descripción se puede trasladar de forma intuitiva a las estructuras portantes de las construcciones, en la que las grandes sobrecargas acercan las tipologías estructurales a configuraciones robustas en las que se emplea generalmente el hormigón armado ya que el peso propio no es tan crucial, porque la carga se ve penalizada por la sobre carga. En el extremo opuesto nos encontramos con las estructuras de grandes luces, las cuales, en ausencia de grandes sobrecargas, adquieren generalmente configuraciones ligeras de acero, en la que se realiza un gran esfuerzo por el empleo de la mínima cantidad de material.

El viaje hacia las macroestructuras comenzó en el momento en el que los problemas de *estabilidad* comenzaron a convertirse en problemas de *resistencia*. Un momento clave en la historia de la Arquitectura fue la

3. Ibid. [1] p. 981.
4. José Ortega y Gasset. *Meditación de la técnica*. 1934.

solución de Filippo Brunelleschi para la cúpula de Florencia, que por
su audacia es considerada como el inicio del Renacimiento.[5]

La masividad de la arquitectura en la que materia portante y materia
envolvente se confunde, cedió con el avance de la técnica a su disociación desarrollándose los esqueletos y las pieles. Ante esta situación
Le Ricolais afirmaría que: "si se piensa en vacíos, en lugar de trabajar
con los elementos sólidos, la verdad aparece... el arte de la estructura
consiste en cómo y dónde colocar los agujeros".[6]

La diferenciación entre la materia portante y la materia envolvente ofrece nuevas posibilidades de representación del espacio, al difuminarse
los límites y permitir el control sobre la permeabilidad. Parece que las
realizaciones del hombre alcanzaron con ello los modelos naturales
que nos anticipaban dicha disociación, a través de todo tipo de configuraciones óseas, pero la respuesta a esta cuestión, lejos de ser un
debate superado, permanece como un territorio aún por explorar.

Estructuras colaborativas

La experiencia acumulada por los que nos han precedido y la capacidad para almacenarla y transmitirla es la herencia que representa un
mayor potencial en nuestra especie respecto a otras más allá de la
inteligencia. Este planteamiento ha sido entendido hasta hace poco
como un flujo esencialmente vertical de generación en generación, por
el que la cultura era entendida como un conocimiento sedimentado
que se traspasaba a través del aprendizaje.

Sin embargo, la capacidad actual de informarnos y comunicarnos a
través de amplias y ágiles redes de conocimiento,[7] ha producido una

5. José María Churtichaga. "Con un pie en el otro lado... la difusa frontera entre la Arquitectura
y la Ingeniería", en *Arquitectos 183. Alta Costura*, Revista del Consejo Superior de Colegios de
Arquitectos de España, p. 50.
6. Robert Le Ricolais, *Things themselves are lying, so are their images. Interviews with Robert Le
Ricolais*, 1973, p. 88.
7. Picon Antoine, "Architecture Science, technology and the virtual realm", en Picon, Antoine
y Ponte, Alessandra (eds.), *Architecture and the sciences: Exchanging metaphors*, Princeton,
Architectural Press, Nueva York, 2003, pp. 293-313.

transmisión horizontal del conocimiento, llevando la colaboración a unos niveles de eficacia inéditos. El proceso unidireccional y vertical pasa hoy a ser bidireccional y horizontal.

La *velocidad de propagación* del conocimiento ha alcanzado una envergadura tal, que ya no se concibe una investigación hermética y lineal, sino que la interacción e intercambio entre diferentes grupos con intereses similares produce un incremento exponencial de los hallazgos y la resolución de los problemas. Un ejemplo de este potencial es el de la empresa minera canadiense Goldcorp Inc., que se encontraba al borde de la quiebra, cuando su director, Rob McEwan, influido por el desarrollo colaborativo en red de Linux, decidió compartir online toda la información secreta de los últimos cincuenta años (algo insólito dentro del ocultismo de esta industria) y permitir que geólogos de todo el mundo pudieran aportar sugerencias sobre la viabilidad de la mina aparentemente agotada, estimulados por una generosa recompensa. La empresa recibió una gran cantidad de propuestas, y sorprendentemente de un amplio abanico de disciplinas además de geólogos. La empresa recibió alrededor de 110 posibles objetivos, de los cuales la empresa solo había considerado anteriormente la mitad, y de estas nuevas posibilidades, el 80% resultaron aportar grandes cantidades de oro, que no solo catapultaron los beneficios de la empresa de 100 a 9.000 millones de dólares, sino que estimaron que habían ahorrado alrededor de dos o tres años de investigación y exploración.[8]

El tamaño del grupo de trabajo no solo permite acumular experiencias, sino que permite multiplicar las capacidades de sus individuos. El todo es más que las partes.

En el CoLaboratorio, a través de estas Arquitecturas CoLaborativas, pretendemos testar las capacidades del trabajo colectivo en el desarrollo de proyectos con resultados tanto comunes como individuales.

El contexto ya no es un lugar preexistente, sino una colección más compleja de situaciones con las que interactuar. Nuestro ámbito de estudio en esta ocasión, la M30, se ha acotado a través de un atlas compartido, que ha servido de base para el proyecto, y también a

---

8. Don Tapscott y Anthony D. Williams. *Wikinomics. How mass collaboration changes everything.* Atlantic Books. Londres, 2007.

través de unas condiciones de contorno que dependerán de las negociaciones con los vecinos de emplazamiento. Las circunstancias de
las conexiones se han definido a partir de unas referencias impuestas
(selección de secciones) y de las negociaciones entre los vecinos.
Los propios actores han sido responsables de la configuración del
escenario, y esta reproducción del principio de incertidumbre establece que el observador es un agente perturbador de las condiciones
iniciales. De esta forma se escenifica cierta complejidad existente en
la realidad por la que las situaciones no solo no están preestablecidas
sino que dependen de nuestros interlocutores y de nuestra capacidad
de negociar con ellos.

Esta investigación ha tenido lugar en este laboratorio en el que se
simulan a pequeña escala las condiciones y el potencial de la interacción simultánea de múltiples actores en un proceso creativo, con un
objetivo común.

El trabajo colaborativo se aprovecha de las siguientes características
para producir conocimiento: intercambio continuo de resultados,
repositorios compartidos, archivos editables, organización sistemática de la información... Los objetivos comunes pueden encauzar los
canales de investigación, sin embargo, los intercambios horizontales
entre diferentes proyectos y la reutilización y revisión de investigaciones paralelas alimentan esta forma de trabajo.

Parece que queda pendiente el análisis de las características de los
distintos niveles de colaboración: análisis de contexto, estudio de
referencias, investigaciones técnicas, negociaciones de contorno,
etc., para descubrir cuáles son las configuraciones colaborativas más
eficientes y cuál es exactamente la influencia de su escala, tanto desde
el punto de vista temporal como de los medios disponibles, que distin-
guen el trabajo en equipo del trabajo colaborativo.

De la misma forma que las estructuras portantes tienen unos parámetros de eficiencia que dependen de sus propiedades materiales,
de sus requerimientos y de su escala, las estructuras colaborativas
podrán afinar su potencial en función de sus medios, sus objetivos y
su dimensión.

DE MONSTRUOS, ENSAMBLAJES Y ARQUITECTURAS

Diego García-Setién Terol

R.B. Fuller decía que la forma es para la arquitectura un nombre, mientras que para la industria, es un verbo. El término *ensamblaje*[1] puede ser útil para relacionar algunos procedimientos utilizados en ambos campos. El origen etimológico de ensamblar proviene del latín *in-simul* (al mismo tiempo) del que deriva en francés antiguo, el verbo *ensembler* (agrupar, juntar, unir), de modo que un ensamblaje sería la substantivación de la acción de ensamblar.

El término ensamblaje comenzó a ser utilizado para referirse a *poner las partes juntas* de una manufactura, en tiempos de la exposición universal de Londres (1851), aunque la idea de fabricar algo a partir de partes intercambiables, se conocía en la industria desde los inicios de la primera revolución industrial a finales del XVIII, cuando Honoré Blanc[2] comenzó a fabricar armas de fuego antes de la Revolución Francesa. Por entonces también era ya conocida la teoría de la división del trabajo del escocés Adam Smith,[3] la cual junto a esa idea del montaje por partes, pronto tendría como consecuencia la aparición de las primeras líneas de montaje lineal continuo, como la fábrica de aparejos[4] de la Royal Navy en Portsmouth (1801). El mundo del arte y la cultura recogería estas sugerentes ideas, así el *Frankenstein; or, The Modern Prometheus* (1818) de M. W. Shelley, centra su argumento en torno al ensamblaje de un *cuerpo monstruoso*,[5] a partir de partes y miembros de

1. En Wikipedia, se define *ensamblaje* como 'conjunto de piezas que trabajan conjuntamente al unísono como un mecanismo o un dispositivo'. En Dictionary.com, se define *ensamblaje* como 'la puesta en conjunto de maquinaria compleja, como aviones, a partir de partes intercambiables de dimensiones estándar'.
2. El armero francés Honoré Blanc comenzó a fabricar armas de fuego a partir de piezas intercambiables, basándose en la experiencia del artillero Jean-Baptiste Vaquette de Gribeauval, quien aplicó por primera vez las partes intercambiables y con ellas el concepto de estandarización y tolerancia para la construcción de cañones (1765). Blanc contactó con Thomas Jefferson, entonces embajador de EEUU en Francia, quien pronto exportó de este método a los EEUU. siendo Eli Whitney (1797) el primero, fabricar 12 mil mosquetes utilizando lo que desde entonces se llamaría el *sistema americano de producción*, después extendido a cualquier industria.
3. Adam Smith. *The Wealth of Nations*, 1776.
4. Probablemente, el primer proceso lineal y continuo de montaje post-renacentista. Marc Isambard Brunel, un emigrante francés, (padre del famoso ingeniero homónimo), y su equipo, diseñaron hasta 22 tipos de máquinas-herramienta para fabricar las partes de los aparejos utilizados por la Royal Navy. Permaneció activa hasta 1960. Ver J. E. Gordon. *Structures or why things don't fall*, 1978.
5. Monstruo (*Etymology Dictionary OnLine*) en s. XIV se refería a animales imaginario compuestos de partes de criaturas (centauro, glifos, etc.). Como adjetivo 'de un tamaño extraordinario' desde 1837.

diferentes cadáveres humanos obtenidos clandestinamente. A finales del XIX, el poeta Mallarmé escribió *Un Coup de dés jamais n'abolira le hasard*, donde adoptaba la técnica de *ensamblaje de fragmentos poéticos* para construir nuevas estructuras semánticas y tipográficas. Y aunque no se publicaría hasta 1914, anticipaba a los poemas futuristas de Marinetti, los *Caligramas* de Apollinaire, o la poesía concreta de mediados del XX, donde el aspecto visual y espacial tenía tanta importancia como la rima y el ritmo, al utilizar el espacio de la página como herramienta expresiva de la *imaginación poética*.

Aunque en los inicios del siglo XX ya se conocía la cadena de montaje y la cadena de des-montaje (Mataderos de Chicago), la acepción de ensamblaje como *acto de ensamblar partes de objetos*, data de 1914, cuando Ford puso en marcha la *cadena móvil de montaje*[6] en su fábrica de Detroit. Además de fabricar sus propias partes intercambiables, controlando todo el proceso, la novedad del método consistía en desplazar el automóvil que estaba siendo ensamblado, hasta donde estaban los componentes y sus montadores, y no al contrario como era habitual en la industria. Pronto se optimizaría la tradicional secuencia lineal de tareas, diversificando ésta en varias líneas, donde se fabricaban simultáneamente los motores, las carrocerías y los chasis, para juntarse en algún punto del proceso donde eran ensamblados más rápidamente, con la conocida reducción de costes que motorizó el país. Progresivamente, los componentes continuarían agrupándose y creciendo en tamaño y complejidad. El mismo año que Ford ponía en marcha su cadena móvil, Duchamp construía su primer *ready-made*, *Rueda de bicicleta* (1913). Él mismo acuñaría el término en 1915, para las obras de arte que se valían de *objetos manufacturados* a menudo con una función utilitaria y que carecían *a priori* de cualquier atributo artístico, para ser presentados 'tal cual' o modificados, sin ocultar su origen industrializado.

6. *Moving Assembly line*, se suele traducir al español como *cadena móvil de montaje*, aunque para nosotros sería más coherente decir *línea móvil de ensamblaje*. Según S. Giedion, hubo que esperar hasta 1933, para que el suplemento del *Oxford English Dictionary* (citando una fuente americana de 1897) añadiera un nuevo significado de *assembly* (ensamblar) como el 'método o acción de ensamblar una máquina o sus partes' aunque no incluyera *assembly line*, sí aparecía *assembly-room* como 'sala de un taller donde se ensamblan las partes de algunos artículos compuestos'.

La cadena móvil se extendió a todas las ramas de la industria, con la excepción de la naval y la aeronáutica, que debido al gran tamaño de sus artefactos, buscaron otros métodos para agilizar la producción. Durante la 2ª G. M., más de cien astilleros participaron en un plan del Almirantazgo británico para acelerar, optimizar y economizar el proceso construcción de los barcos de guerra. Además de priorizar las uniones soldadas frente a las roblonadas para ahorrar material, se implementó el llamado *Block Building Method* (BBM) que consistía en seccionar los barcos en grandes bloques, para poder trabajar en ellos simultáneamente. Esta práctica era ya habitual desde 1918 en pequeños astilleros ubicados lejos de la costa: construían barcos por secciones, para unirlas después de transportarlas cerca del agua. Aún hoy la industria naval, aeroespacial y del automóvil, siguen utilizando este método que se conoce como *modular*. Hoy el *fordismo* ha dado paso al *método Toyota*, caracterizado por la producción bajo pedido (*Just in Time*) y la *cadena de suministros* (*Supply chain*) como instrumento de gestión. El industrial principal (VAR) se ocupa así de coordinar una red de fabricantes suministradores (OEM), dedicándose principalmente a ensamblar el producto final, a partir de componentes fabricados por los miembros de la red.

El término *ensamblaje* no se utilizó en el mundo del arte hasta que Dubbuffet tituló un collage realizado con alas de mariposas, como *Assemblages d'empreintes* (1953). Un año más tarde lo definiría como aquellas *obras tridimensionales realizadas principalmente a partir de materiales naturales y objetos*. Poco después, el MoMA organizó la exposición *The Art of Assemblage*, que reunía obra de artistas (Braque, Picasso, Man Ray, Schwitters, Dubuffet, Rauschenberg) que empleaban la técnica del *assemblage, el arte de realizar manufacturas a partir de materiales naturales, objetos o fragmentos desprovistos de calidad artística.*[7] En esas fechas G. Simondon publicó *El modo de existencia de los objetos técnicos* (1958) segunda parte de su tesis doctoral en filosofía, donde definía la *Imaginación Técnica* como *una especial sensibilidad hacia la tecnicidad de los elementos técnicos* –categoría más simple del objeto técnico– que *permite descubrir nuevos ensamblajes posibles, y con ello la invención de nuevos objetos técnicos*. Además define el objeto técnico

7. William Seitz, comisario de la exposición *The Art of Assemblage*. MoMA New York, 1961.

como un *intermediario entre el hombre y el mundo* o como *aquello de lo que existe génesis*, lo que también podrían servir para definir la Arquitectura, que entenderíamos pues como un objeto técnico o un ensamblaje de elementos técnicos que son soporte y vehículos de tecnicidad, una propiedad transferible gracias a la cual los objetos técnicos evolucionan hacia una creciente integración en otras Arquitecturas.

En el CoLaboratorio investigamos las posibles transferencias tecnológicas entre Industria y Arquitectura. En este caso hemos transferido un método de producción industrial (BBM), para aplicarlo a la producción académica de Proyectos Arquitectónicos. Este texto presenta un trabajo colectivo realizado en 4 meses: *un gran ensamblaje de 80 partes*. Partimos de unas reglas bien definidas (% de programa, distancias máximas, fondo edificado, etc.), que respondían a una *estrategia común*: proyectar una ciudad lineal superpuesta a la infraestructura de la M30, capaz de incorporar en su estructura, *múltiples tácticas* de proyecto. Cada CoLaborador se ocuparía de un segmento de 400m de largo que debía conectarse por ambos extremos con otros 2 compañeros. Se estableció un protocolo para las juntas entre las diferentes partes del proyecto: éstas coordinarían espacial, dimensional, estructural, programática y formalmente la conexión entre las distintas partes, gracias a la utilización de Secciones (de espesor infinitesimal) de diferentes proyectos de arquitectura conocidos, de interés y calidad probada, que se les asignaba en una lista. Cada segmento proyectado por los CoLaboradores estaría '*informado genéticamente*' por las Secciones de sus extremos, de modo que cada alumno podía proyectar a partir del material arquitectónico de cada 'proyecto-junta'. Podríamos explicar esta operación como un '*morphing*' arquitectónico. Es un efecto especial por el que una imagen o forma se transforma en otra, gracias un programa informático que establece puntos comunes entre ellas, para generar digitalmente las etapas intermedias de la transformación.[8] También se podría explicar como una *integral de infinitas secciones* diferenciales del proyecto, dados los límites del dominio

8. La técnica, desarrollada por la empresa Industrial Light & Magic, se empezó a usar en el cine desde finales de los 80, pero no se popularizó hasta que fue mejorado notablemente en 1991, con el videoclip *Black or White* de Michael Jackson y la película *Terminator 2: Judgement day*, en la que el *T-1000* puede cambiar de forma modificando la posición actual de algunas partes de su cuerpo, imitando cualquier persona u objeto.

definido por dos Secciones, a las que el alumno estaba obligado a sumar una tercera 'etapa intermedia' de su integración. Los alumnos ejercitaron su imaginación técnica y poética, y tras asimilar las propiedades y valores de las arquitecturas dadas, produjeron nuevos ensamblajes arquitectónicos. Desde un plan común, han producido coordinada, modular y simultáneamente un gran proyecto[9] de 80 partes, que se ensamblaron como una al final del proceso, formando una superestructura urbana de más de 32 km de desarrollo. Entre *Frankenstein* y el *T-1000*, han transcurrido 173 años, durante los que la Industria ha aprendido a seccionar, ensamblar, integrar, simultanear, gestionar objetos técnicos que portan y transfieren información. Mientras, en Arquitectura seguimos aprendiendo...

CoLaboratorio ya no es un Taller de Proyectos, sino ¡una Fábrica de Arquitectura!

---

9. Se estima que el proyecto sobre la M30 (32,5km de longitud) supone un volumen edificado de 20 millones de m^3.

AGUJETAS CEREBRALES

Borja Gómez Martín

LABORATORIO

Cualquier dispositivo móvil supera con creces el conocimiento de
un profesor. Transmitirlo es inútil. Todo lo que podemos saber es
ya accesible. La academia como enciclopedia debe desaparecer y
dejar espacio al laboratorio. Valoremos el fracaso. Faltan agentes
facilitadores capaces de dar el necesario entrenamiento.

ENTRENAMIENTO

Cada día, los estudiantes se acostarían con agujetas cerebrales.
Los docentes serían entrenadores de habilidades tácticas y habilidades estratégicas. Qué entrenar y como entrenarlo es la pregunta.
No hay libros al respecto. No tiene que ver con acumular. Tiene que
ver con la Flexibilidad, la Adaptabilidad, la Resiliencia, la Resistencia, la Respuesta, la Inteligencia (emocional, social, abstracta,
espacial), el Cuestionamiento de lo establecido, lo colectivo...

COLECTIVO *(perteneciente o relativo a una agrupación de individuos)*

En una sociedad en constante crisis, la pertenencia no tiene lugar.
Lo colectivo como estructura lineal ha emprendido el camino de
la extinción. La adaptación es absolutamente necesaria. En la
sociedad líquida[1] los grupos de trabajo ya no pueden ser estables,
quiebran. Probemos nuevas vías, testemos la incertidumbre de lo
colaborativo.

COLABORATIVO *(acción y efecto de colaborar)*

Lo colaborativo es flexible. La construcción de redes instantáneas
donde especialistas individuales se agrupan para generar estructuras de trabajo ex profeso puede ser la respuesta a la necesidad
de adaptación al líquido social en el que nos movemos. Seamos
radicales. Asumamos la colaboración. Ensayemos las posibilidades.

1. Zygmunt Baumann, *Modernidad Líquida*.

Que los estudiantes construyan a su manera, propongan las asociaciones. Que salgan del aula, que nos lleven a otros lugares. Por qué no utilizamos esa energía a nuestro favor, y construimos los procedimientos desde el nosotros frente al vosotros.

PROCEDIMIENTOS

Deberíamos trabajar sin paracaídas. Un enunciado que anticipe una forma o un resultado es un falso paracaídas. Los procedimientos serían abiertos. Los resultados inesperados. Que la evaluación sea en función del grado de aportación al conocimiento y al grupo. Cada estudiante debe ser un experto en el trabajo que realiza. Si no existe sorpresa, no hay laboratorio. El trabajo debe ser apasionante.[2]

PASIÓN

Producir desde los intereses personales. Excitar las habilidades individuales. Incentivar la pasión por aprender desde el individuo. La universidad debería ser un entorno en el que los estudiantes transformaran los enunciados desde sus propios intereses. O más bien propusieran los suyos propios. Los entrenadores (cerebrales) incitarían a los alumnos a llevar sus habilidades al extremo. Convertir su pasión en motor. El cerebro se estira y contrae continuamente. Un buen entrenador (cerebral) debería hacer que cada día todos los entrenados llegarán a un estado extremo de agujetas cerebrales.[3]

2. Federico Soriano, *100 Hipermínimos*.
3. <www.100x10.com>.

TRABAJANDO EN LA INCERTIDUMBRE

Daniel García López

La escala y planteamiento del ejercicio impiden que las aspiraciones
de control y orden usados en proyectos más pequeños tengan cabida
aquí, obligando a los alumnos a aceptar la incertidumbre como única
constante en el proyecto.

La incertidumbre produce una ausencia de certezas que sacan al
alumno de su zona de confort y le obliga a abandonar conceptos pre-
concebidos para buscar nuevas herramientas operativas que le permitan intervenir en el proyecto. No existe una elección óptima, el proyecto es sólo una opción de un infinito número de proyectos posibles.
El error es un resultado válido en la experimentación, desaparecen los
miedos iniciales que llenan de prejuicios y convencionalismos al proyecto. Comienza la investigación.

Las referencias usadas en el proceso pasan a ser una herramienta
operativa más del proyecto. Deformar, escalar y copiar las referencias
son operaciones básicas como procedimiento proyectual.

Al asumir la incertidumbre el edificio se convierte en un sistema abierto, susceptible al cambio de las condiciones de entorno y adaptable
en el tiempo. El intercambio de información y energía con el contexto
son la prioridad. El edificio se actualiza continuamente para asumir los
cambios producidos de manera constante por los proyectos vecinos.

Todos los elementos del sistema están conectados generando un
único proyecto colectivo. Los cambios negociados por un alumno
modifican el conjunto que se transforma como resultado de un continuo intercambio de información entre elementos interconectados.

Esto obliga a entender qué partes permanecen estables y cuáles cambian dentro del proyecto, trabajando de modo abstracto el conjunto
edificio y de modo concreto las conexiones de las partes.

Precisamente estas conexiones crean vínculos de relación que con-
vierten al edificio en un proyecto colectivo creando lectura a dos escalas dentro del mismo proyecto, la micro (alumno - proyecto individual)
y la macro (clase - proyecto colectivo).

El foco de atención se traslada de los elementos aislados del programa a las relaciones existentes entre ellas y que posibilitan la aparición

de una estructura que favorece el intercambio de información, permitiendo la actualización continua del proyecto sin modificar las partes.

El conjunto pasa a ser un organismo cambiante, donde su forma externa viene determinada por la variación de las condiciones de entorno, con una estructura interna adaptable que permanece estable a pesar de modificar las partes que lo componen gracias a la continuidad de sus relaciones internas. Un todo ontogénico que varía constantemente su estructura sin modificar la organización del mismo. Los elementos que forman el proyecto colectivo pueden modificarse sin afectar a la identidad del conjunto. El proyecto se redefine como un presentimiento colectivo en continua evolución.

2.7

TRANSAR - AFECTAR

David Pérez García

a

(...)
Si logro agazaparme en este recoveco
no me alcanzará ninguna directiva
comunitaria. No me alcanzarán tampoco
los proyectos. En este portafolios llevo
el mío: no lo voy a emprender, sólo quiero mostraros
su muerte, verjurada en la pulpa
de su propio papel. >>>

Transar - Afectar

Supongo que aprender a hacer proyectos de arquitectura puede ser,
entre otras muchas cosas, aprender a transar y a tener que mojarse,
y ya que unx está jugando a ser adultx también puede jugar a que sus
decisiones afectan (a muchas otras personas y a otras cosas que no
son personas...) y a que estos afectos son de verdad. Decimos aquí
personas que es como decir una nada que nos puede incluir a todxs,
luego dentro del juego tenemos el privilegio del ensayo y podemos
acotar, para ser operativxs organizamos un sistema que nos asocia,
por ejemplo, de tres en tres.

En el CoLaboratorio, unidad docente de proyectos de la ETSAM, se
está dando mucho de esto, mucha transacción, mucho mojarse y
mucho afecto. Unx (que desde hace mucho tiempo) ya no aprende en
la soledad de su caverna proyectual, trata de habilitarse para un trabajo de ida y vuelta más frecuente y una comunicación más intensa, y así
podrá construir algunas de sus herramientas fundamentales.

¿Cómo se transa? No hay votación, no hay una regla cuantitativa que
impone un consenso, no hay que alcanzar un consenso total, unx
puede invitar a otrxs, ser invitado, no es una asamblea, ¿es un laboratorio? Mucho del éxito es implicarse con los demás, e implicar a los
demás contigo. El subidón es compartido.

Cuando la responsabilidad es compartida la precisión puede ser el reto, y ahí es donde se rompen también algunas jerarquías, y donde nos podemos empoderar, donde podemos ser expert*s, trascender el copiapega, aprender a potenciar y ejercer de grupo y, si las condiciones se dan, ser una comunidad temporal.

>>>   Hay un inmenso vertedero de proyectos
muy cerca de nosotros. Os pido que salvéis
el plástico de todas sus carpetas. Os pido otro favor:
     no os dejéis olvidados los unos a los otros
     sobre las moquetas de vuestros aeropuertos.

Mercedes Cebrián. *Mercado Común* (Caballo de Troya, 2006)

ENTREVISTA: LA VIDA INSTRUCCIONES DE USO

Enrique Llatas

1. Se puede decir que no existen dos procesos de aprendizaje iguales, pero sí alguna manera de concretar en aspectos y modos de enseñar la arquitectura parecidos. Hace 3 años que salió la primera edición del taller que dirigisteis, llamado CoLaboratorio,[1] ¿Podríais explicarnos de qué trata y que aspectos evolutivos habéis visto en estos últimos años?

ALMUDENA RIBOT: CoLaboratorio nació de un interés común por explorar las relaciones que pudieran existir entre los procesos de construcción e industria contemporánea y los procedimientos y estrategias proyectuales de la arquitectura. Trabajamos con máquinas de corte digital y fabricamos prototipos.

Desde el inicio enfocamos esta actividad fabricamos modelos en colaboración, de tal manera que cada alumno tiene un cierto grado de autonomía y a la vez cierta dependencia del grupo. Con el tiempo hemos ido aprendiendo que esta parte colaborativa del taller es casi más interesante que los propios prototipos.

El trabajo colectivo es el paradigma de la profesión del arquitecto hoy en día. El arquitecto individual que trabaja asilado y protegido desde su estudio se ha terminado. Hoy en día proyectar arquitectura es negociar.

El objetivo consiste en transferir esta situación real de trabajo colectivo, participativo y negociado al estudiante. Esto, que en principio parece muy sencillo, no lo es, emular la realidad es un procedimiento que necesita oscilar entre lo concreto y lo abstracto. Además el alumno actual, en particular el de la ETSAM de la UPM, tiene muy buenos resultados en su formación académica y por lo tanto tiende a un trabajo concentrado e individual. Nuestro propósito es hacer que recuerde y desarrolle sus competencias transversales, comunes a todas las disciplinas y a veces tan olvidadas. Negociar no es perder, la complicidad supone ganancia individual.

IGNACIO BORREGO: Los formatos colaborativos y los nuevos medios digitales a nuestro alcance, no sólo suponen una revolución en nuestra

---

1. CoLaboratorio comenzó en 2010 con Almudena Ribot, Ignacio Borrego, Diego García-Setién y Javier García-Germán, todos ellos profesores del DPA de la ETSAM (UPM).

manera de abordar nuestra disciplina, sino que su influencia cala ya en los propios métodos de transmisión de conocimientos y en la formación de los futuros arquitectos.

El nuevo flujo de información y los medios digitales de fabricación nos permiten estrechar la distancia entre el mundo académico y el profesional, entre la creación y la construcción. Estos nuevos medios parece que son los que nos van a permitir vincular de nuevo la formación con la experiencia directa, y el aprendizaje colaborativo con la negociación.

DIEGO GARCÍA-SETIÉN: CoLaboratorio nació con el objetivo de experimentar con métodos docentes que desplazasen la importancia del genio individual hacia la inteligencia colectiva, fomentando la producción material real en el aula –aprender fabricando- como tarea esencial del arquitecto. Nos parecía urgente evolucionar los métodos de aprendizaje de la disciplina y de las técnicas de Proyecto arquitectónico. Hoy que las competencias del arquitecto como profesional aislado están en entredicho, vemos cómo la enseñanza, sigue siendo muy similar a las que conocieron nuestros abuelos arquitectos.

Un comienzo casualmente exitoso en una asignatura optativa, nos animó a trasladar esta experiencia y metodología a un curso de Proyectos ordinario y troncal en el actual Plan de estudios. El salto implicaba todo un reto logístico: pasar de gestionar una inteligencia colectiva de 12, a otra de 75 proyectistas. Actualmente seguimos aprendiendo a hacerlo mejor.

2. En la edición del 2010|2011 aparece la importancia del "errar" y la diferencia que existe con el fracaso a la hora de proyectar, ¿cómo expresáis esto a vuestros alumnos a la hora de llevar la clase?

AR: La universidad está para explorar y para experimentar y por lo tanto para equivocarnos, aprendemos más de nuestros errores que de nuestros aciertos.

A los alumnos intentamos ponerles el error en el mismo nivel que las cosas bien hechas, simplemente eso. También ayuda el no preocuparnos tanto de las cosas, de los objetos y pensar más en las relaciones entre ellas. Preocuparnos de las negociaciones, los procesos, los lugares intermedios, eso es lo que nos interesa.

Los alumnos saben que esto no es una postura académica y retórica, es una actitud real.

IB: En un acercamiento pedagógico en el que los productos no son representaciones a escala real, sino modelos finales en sí mismos, conlleva la introducción de una acepción interesante de errar, que generalmente queda minimizada en entornos académicos. Se trata del error entendido como desviación de una formalización ideal, y no tanto como una equivocación.

La desviación será inversamente proporcional a la precisión de los procesos de materialización empleados, pero siempre estará presente si el objetivo exige testar las instrucciones programadas y verificar su viabilidad. La necesidad de alcanzar un producto construido exige manejar cuestiones de compatibilidad, prueba, tolerancia, y error.

DG-S: Cuando decimos que CoLaboratorio trata de explorar las posibles transferencias que existen en los procesos de diseño y fabricación de la industria contemporánea, nos referimos a cómo se desarrolla por ejemplo el último modelo de un automóvil. Ésta es una tarea que no tiene un solo autor, sino un equipo técnico detrás. Durante la fase de prototipado se asume el 'error' como parte fundamental de un proceso de optimización y continua mejora de lo proyectado y fabricado.

Este es un asunto crucial para el aprendizaje de un estudiante de arquitectura: entender que lo importante es cómo desarrollar un proyecto de arquitectura, entendiéndolo como un poliédrico y complejo sistema de relaciones multi-escalares, afectado por diferentes agentes y circunstancias.

3. Se han realizado proyectos como la M-30, vivienda vertical y últimamente están trabajando en una nueva ciudad para Túnez, que conllevó un viaje con los alumnos. ¿Podríais hablarnos un poco de ello?

AR: Desde las experiencias con CoLaboratorio no paramos de descubrir nuevas posibilidades en los procedimientos colectivos.

En el proyecto De la M-30 trabajamos sobre todo en relaciones de borde, el proyecto era lineal y se loteaba según secciones transversales comunes a dos alumnos. Se proyectaba partiendo de una sección longitudinal, las transversales hacían de desencadenante y a la vez de junta física entre los proyectos individuales.

El proyecto vertical aumentaba los niveles de colaboración, teniendo que intercambiar m3 entre los lotes colindante y trabajando con la gravedad y apoyos comunes para todo el grupo. Si alguien no los respetaba literalmente tiraba al resto de los compañeros.

En Túnez hemos aumentado la complejidad en las negociaciones. Nuestro próximo objetivo será superar las relaciones de contacto y trabajar con mediaciones de los procedimientos.

IB: Cada curso ha tratado de ordenar sus objetivos a través de un marco general sencillo que estableciera, además de un trabajo colaborativo, un enfrentamiento a realidades en cierta forma opuestas que permitieran poner en valor los valores específicos en cada caso. Durante el primer cuatrimestre del curso 2011-12 se estudiaba la gran escala de la ciudad y las grandes infraestructuras a través de un análisis de la globalidad de la M-30 poniendo el énfasis en el contexto físico y las macroestructuras, mientras que el segundo cuatrimestre se concentraba en un pequeño espacio doméstico en el que el contexto se reducía a la negociación con los compañeros que desarrollaban su proyecto en una posición contigua, dando prioridad a la escala cercana de lo atmosférico y lo material. El contexto deja de ser una situación preexistente con la que dialogar, para convertirse en una realidad cambiante y adyacente con la que negociar.

Durante el siguiente curso, 2012-13 hemos realizado durante el primer cuatrimestre una ciudad nueva de forma colectiva en el desierto de Túnez, dando prioridad fundamentalmente a las condiciones climáticas y a su influencia sobre la forma, los sistemas pasivos y los activos para reaccionar antes ellos de forma intencionada. El contraste se produce en el siguiente cuatrimestre en el que además de variar de nuevo la escala para atender a aspectos más constructivos, viajamos hasta el frío entorno de una isla junto a Copenhague, para constatar la importancia de los parámetros ambientales.

DG-S: Trabajar como un colectivo, convierte el taller de proyectos en un Equipo Técnico con una capacidad de respuesta potentísima. Llevando esto a otra escala bien gestionada, organizando bien su funcionamiento y el reparto de tareas, podría convertir a la propia Escuela de Arquitectura en un interesante órgano consultivo y productivo, que sirviera a la sociedad que la mantiene. La colección de cartografías que se produjeron para la M-30, podría ser el desencadenante o anteproyecto de un Atlas Psico-Geográfico para Madrid. El caso de la Estantería vertical, representa la primera etapa de proyecto de algo que hemos llamado 'Open Building 2.0' que estamos preparando como Proyecto de Investigación y para el que actualmente buscamos financiación. Se trata de un proyecto colectivo que pretende actualizar las propuestas residenciales compactas de 'soporte y relleno' de J.N. Habraken, mediante la implementación de las TICs en el proceso de diseño, fabricación y participación en la toma de decisiones. De desarrollarse como esperamos, el proyecto podría atravesar la estructura de grado, postgrado e investigación de la Universidad, haciendo partícipes del proceso a nuestros estudiantes y a los miembros de nuestro grupo de investigación ProLab, como integrantes de un gran departamento I+D+i, que ofrecería así todo el potencial técnico y creativo de esta Escuela pública, a quien quisiera aprovecharlo.

4. Se inició el taller dando una lista importante de referencias de proyectos de arquitectura desde el Hotel y Palacio de Congresos de OMA en Agadir, hasta el Hospital de Venecia de Le Corbusier, ¿cuál es la importancia de conocer y analizar obras de arquitectura y cómo lo relacionan y usan los alumnos para el proyecto por ejemplo en Túnez?

AR: El trabajo desde cero, desde la famosa página en blanco a la que se enfrenta el artista, hace mucho tiempo que se ha acabado. El proceso de la arquitectura no empieza con una visión mágica del proyecto, sino que trabajamos desde la información, desde un número impresionante de datos y preexistencias en los que hay que bucear y sobre todo seleccionar para generar nuevos significados. Nosotros aportamos al alumno un buen número de referencias de otras arquitecturas como parte del paquete de datos que tendrá que manejar durante el proyecto. Se trata de insertar estos objetos culturales en un nuevo contexto, para lo que tendrá que conocer bien el material de trabajo y tendrá que admitir que la originalidad se desdibuja, no es tan importante.

IB: Isaac Newton escribía en una nota a Robert Hooke en 1675: "Si he logrado ver más lejos, ha sido porque me he subido a hombros de gigantes". Estas palabras no eran originalmente suyas, sin embargo se han convertido en un elocuente ejemplo del poder de lo colectivo en la elaboración del conocimiento científico. La universidad es el entorno oportuno para hacer entender que lo importante es aprender a aprender, y que la mayor parte del camino ya ha sido recorrido por alguien antes que nosotros por lo que debemos aprovechar esa experiencia. En el proyecto de espacios habitables ("La vida instrucciones de uso") se ha acudido a este recurso a través de la distribución entre los alumnos de una colección de soluciones constructivas sistemáticas que debían ser estudiadas por ellos en una primera instancia, y más tarde aplicadas a sus propios proyectos. El desarrollo constructivo de cada proyecto partía de estas experiencias relevantes de la historia reciente de la Arquitectura en forma de referencias de uso obligatorio.

DG-S: La arquitectura es una disciplina técnica e histórica, y es preciso estudiarla y conocerla en profundidad. Dotar desde el inicio al alumno, con un material de trabajo, como un Proyecto escogido, de calidad probada, implica inyectarle un conocimiento, que se transfiere desde el momento en que el alumno comienza a modificarlo, debiendo conocer cuáles son sus propiedades y valores esenciales. Trabajar con el 'código genético' de estas arquitecturas, significa gestionar un buen paquete de información, pero no como mera referencia, sino como 'materia de proyecto' manipulable, modificable y desarrollable hasta otro nuevo proyecto. Este modo de trabajo apunta al objetivo, ya comentado, de anular o suspender el carácter individual del proyecto desde el principio.

5. Para terminar, muchas escuelas llevan el tema de la revisión del proyecto del alumno "la crítica" a un lugar más individualizado, lo que conocemos todos como crítica personal, en vuestro caso, sabemos que veis este modo de enseñar un poco limitado, debido a la falta de atención del alumno por el proyecto de los demás, ¿Qué puntos positivos observáis en la crítica colectiva?

AR: Creemos que se aprende más con la conversación que con la corrección individual, lo importante está en las relaciones entre proyectos y no en los ejemplos concretos. También

que se aprende más con las correcciones a los otros que con las propias, todos tendemos a ver más fácilmente los errores ajenos.

Por eso es mejor hacerlo en colectivo y en alto, aprendemos un poco por reflejo.

IB: La implicación personal conlleva cierta subjetividad que dificulta el entendimiento a la hora de la evaluación o revisión del trabajo propio. Sin embargo, el enfrentamiento al trabajo ajeno se puede producir por parte de los compañeros con una actitud desprejuiciada y crítica que permite en muchas ocasiones entender la idoneidad o incorrección de cada una de las decisiones adoptadas, permitiendo el aprendizaje con mayor eficacia.

DG-S: ¿Cómo apoyar la crítica individual, si fomentamos el trabajo más sinérgico de un colectivo? No obstante, hemos comprobado que en el proceso de aprendizaje es importante mantener una parcela de desarrollo para el trabajo individual, pues éste funciona como fuerza motriz y estímulo para el alumno. Para integrar la individualidad en lo colectivo, estructuramos el curso a partir de una estrategia general colectiva, que define unos parámetros de relación entre los integrantes del curso, pero permite implementar diferentes tácticas individuales de proyecto. Estas tácticas se pueden aislar en una crítica sólo relativamente, pues necesitan siempre de una 'contextualización' en el conjunto donde se integran.

Con todo, nos queda mucho por mejorar...

COLABORATORIO: FABRICATING AND COLLABORATING

1.

DIGITAL FABRICATION: PROTOTYPING

1.1 COLABORATORIO / COINCIDENCES, INTER-ESTS, ERRORS AND HITS

Almudena Ribot Manzano

COINCIDENCES

Many important things in life are the result of chance, CoLaboratorio is one of them. In 2012 a group of Etsam's[1] unrelated teachers met to seek common interests: Architecture, Projects, Construction, Energy and Industrialization. We thus found a Program. Looked for a place: the Model Workshop, probably the most magical place in our University. A Place. We found a machine with little use, a digital laser cutting machine.[2] Construction system. We had program, location and system: there was a Project.

We add to our initial interest the proposal to work collectively as a paradigm of work in the contemporary architect. That the way it was CoLaboratorio, maybe not so important although quite interesting. We find that yet.

INTERESTS

CoLaboratorio is a frame for production of prototypes and real objects. Its aim is to investigate transfers between the design strategies and new design processes used in contemporary industry. Industrialization, understood from a global perspective, collecting the whole process from design to manufacturing, is an urgent and necessary answer for contemporary building and an interesting alternative in redefining our discipline.

Today it is widely assumed that systems are part of the project and procedures, however, we found little research on current industrial systems from the abstract territory of architecture's project. This

1. Teachers are Ignacio Borrego, Diego Garcia-Setién, Javier García-Germán and Almudena Ribot. Collaboratory was an optional subject from 2009, in 2012 I we were invited to the Advanced Projects Master.
2. The 2nd year ETSAM bought an Alarsis 130 FR180 3D milling of 1930mm × 950mm.

laboratory enters this area; want to meet contemporary processes of industry: pattern, lightness, optimization of packaging, transport, reuse, economy ... and wants to experiment with it as a tool for project.

The project we do is collective, teamwork is the real situation of the architect today. The participation of each author has a certain degree of autonomy while some dependence with the group. Everyone benefits of the research group while performing an individual project will have to negotiate the boundaries, boundary conditions or processing strategies with their neighbors. Each project will be a part of the joint project.

We are interested in ideas, but above all in the decisions. More than originality of ideas we want the circulation of these, its development, the ability to obtain resources to unlock, to know how to increase its complexity, its ability to combine overlapping levels of information, the joint between each other. More than ideas we like relationships, we are interested in the ideas that are built like good ideas.

ERRORS

This is not the place to enumerate the mistakes, but to point that CoLaboratorio, much more than happens in other ways to learn architectural projects, introduces the error in the learning. You learn so much from your mistakes and your successes.

It is assumed that prototypes admit mistakes, as they are: partial results of the path to the perfect object. Our models do not even look that way, but rather work on models of reflection. Concrete objects with properties yet abstract enough to become reflections transferable to subsequent projects.

We are also interested in the mix between digital perfection and human error. We stand after the fascination with digital world. A time when digital and analog are not opposed but coexist naturally.

HITS

Our main success has been to work with real objects. We built a collective model which we view as a real model. A specific model, besides serving as reflection, must defend himself. It is not a conventional architectural scale mockup, which is part of a sequence, a rationalize path to get a final consequence, towards the building architecture. Not a representation or image of something that will come later, is a real model.[3] So it is very large, so you can work without emulating reality situations later, so you can build and a reality in itself. From this distinction between model and scale mockup we make several scale mock-up, conceptual and small, that anticipate the realization of this end collective model.

Maybe another finding is that we are interested in determining. In this lab we try to explain less verbally and yet make it more visibly. We do not explain, show. We value the presence, pattern making, here and now. Do not ask what you're doing, but how you do.

We realize that our work is part of a larger network. And, as our contribution is concrete, we know that is exploratory and experimental, and therefore will always be incomplete.

1.2 ONE MUST NOT CONTROL ALL.
TO PRESENT AND NOT TO RE-PRESENT
Almudena Ribot Manzano

1. To learn to design is not a game of architecture. This is not going to resolve what appears to be the overall aspect of a project; this is not about producing a project as a whole and finish with. Things, questions, elements are not what they seem to be.

2. In today's world, everything has been done. The question is not how to resolve all the various aspects of a project, but to understand their very nature, how they should be read, interpreted when they need to be resolved. Today, we accept that one may design a building without

3. We're speaking in the sense that Olafur Eliasson understands "models are real" 2007, minimum GG 2009.

needing to control every space, but it is of vital importance to know the truth, the DNA of the building itself, its reality.

3. We learn by isolating. The issue is to be fully aware of the complexity of architecture, but at the same time the students need to be liberated from the pressure imposed by the responsibility that facing the project as a whole represents. One ought to isolate the various elements that allow one to understand better the given complexity; one must not resort to a superficial reduction of the whole that infantilizes the discipline and impoverishes the thinking process.

4. To isolate does not mean to simplify. It means to introduce layers of meanings in some architectural issues. When we become more precise, we are able to add complexity to our thinking process. The working process is unique in itself, but the documents produced ought to be complex and ambitious. One utilizes these working tools (ie.: the documents) to familiarize oneself with their mechanisms and differences--- to expand ideas. I am not interested so much in ideas as in the thinking process, tools, which allow for problem resolution, as well as increasing their capacity when combining different overlapping levels of information; to add new architectonic conditions; to combine ideas in order to be able to make decisions.

5. Isolated processes are not an end to themselves. One must be fully aware that our work is part of a much larger network and to understand that our task may be experimental, exploratory, unfinished... one must not control everything.

6. Architecture needs that we call "representation systems". In other words, it needs tools like drawings and models that represent what the architecture would be when it is constructed. Nevertheless, we are interested, here and now, in working with mechanisms that present themselves and not with those that attempt to represent something else that, as we know by experience, is difficult to reduce to a series of plans.

7. In architectural school, the rules of the game must be others than those that anticipate our professional work. Our efforts do not lie in the representation and description of a possible architecture to be built, but rather, in building specific objects. Students ought to know the final objective and, although we may not have its function, its form or its size fully defined, we do have an idea of the end-result, this makes it easier.

8. For example: "Solely develop and present a project in a large scale floor and section plans".[4] This exercise contains three fundamental aspects:

Size: the fact that the plans are large in size forces the students to change their thinking process, away from the trodden path of diminutive, magazine-size plans, to expand definitions in larger size drawings.

Oneness: since the process involves two plans, it is necessary to think how to conceive them in order to best explain the project. Does it have to be one floor plan or the sum of all? Is it possible to propose a building with only one section? Is it possible to draw a section that explains, at the same time, different spatial solutions?

Physical reality: the resulting documents, the floor and the section plans, are themselves concrete and tangible, they present a building, but they are not fully descriptive. They have their own weight and meaning, they stand by themselves.

9. The work we have developed in CoLaboratorio[5] can be defined as "the development of a collective model with a given material and using a machine with a given cut." This implies:

Fix a goal: reduce material manipulation.

Negotiate: it forces us to achieve group resolutions, manage group hierarchies and maintain open and constant collective communications.

Make a prototype: the designed model is not a conventional model per se because it does not foretell any later reality, it presents itself.

4. Works carried out with Professors Federico Soriano, Pedro Urzaiz and Eduardo Arroyo.
5. Work carried out with Professors Ignacio Borrego, Diego García-Setién and Javier García-Germán.

1.3 EDUCATION, COLLABORATION AND DIGITAL MANUFACTURING
Ignacio Borrego Gómez-Pallete

EDUCATION

The new digital tools within our reach have implied a revolution not only in our approach to our discipline, but also in the emergent methods of knowledge transmission and in the training of future architects.

The institutionalization of architecture teaching began in 1671, with the founding of the Ecole des Beaux-Arts in Paris. Soon, and as a consequence of the Industrial Revolution, a massive amount of trained professionals, the traditional relationship between praxis and theory was reversed. Up until then, the communication between the teacher and the apprentice took place through direct experience in building, and theory consolidated as general knowledge expanded. Nowadays, the current, conventional academic education makes the novel architect clash with an unknown and increasingly complex reality.

Nevertheless, the new flows of information and the diverse resources implemented in digital production have somehow managed to bridge the gap between creation and construction, and can be the key to link education with direct experience once again.

A new educational approach whose outcome are not mere scalar representations but final models themselves involves the introduction of a parameter that is often rejected in many academic environments: error.

Any deviation is inversely proportional to the precision of the applied materialization processes. However, deviations are always present when a design's programmed routine is to be tested in terms of viability. The need to obtain a built product implies dealing with issues such as compatibility, try and error or tolerance.

COLLABORATION

Human intelligence has evolved, on the one hand, by means of its own experience, and secondly, by learning from other individuals' past experiences. The transmission of knowledge has historically followed a vertical flow from generation to generation. Nowadays, the easy access to broad and agile knowledge networks has transformed it into a horizontal flow, leading collaboration to unprecedent levels of efficiency.

Knowledge's spread rate has reached a point in which investigation is no longer hermetic or linear, but an interaction and exchange between different groups with similar interests, which has generated an exponential increase of discoveries and answers.

This New Age of Information highlights the importance of collaboration, sharing, dialogue and negotiation. I can sense and reckon the potential of collaboration at every organizational level.

MANUFACTURING

The invention of the press implied a fracture in the history of knowledge transmission. The ability to deliver unlimited editions in a very short period of time completely changed the present diffusion system. Similarly, three centuries after, the Industrial Revolution represented a major change in production and construction processes.

Both cathartic activities, printing and manufacturing, unleashed a new era of productive democratization, for both assumed repetition and seriation as necessary conditions for their own survival.

Digitalization has freed printing from its traditional burdens by means of new devices that allow any user to retrieve any kind of copy in a desired format in a few seconds, regardless of its content. In terms of manufacturing, the current technical means grant, in the same way, the chance of casting diverse components, in any desired format, overcoming the traditional obstructions derived form standarization.

Modernism pleaded an isomorphism in design that has reached our days as a technically overcome intellectual constraint, but hardly avoidable in practical terms due to the scarce development and implementation of digital manufacturing processes. However, the incipient proliferation of digital manufacturing devices in the global market has fostered the generalization of their rules and routines within the design processes, based on versions and variations.

The new computerized manufacturing routines can actually integrate every single aspect of a constructive process into the design process, outlining the following issues: the properties of the chosen material (its physical characteristics such as density, strength, flexibility, fragility, resilence, etc ...), its manufacturing and supply conditions (its maximum dimensions of manufacture, panelling, sizes, finishes, etc...), the manufacturing process itself (CNC machinery specifications, assembly, elapsed time, etc ...), the placement (transport, handling, cladding, stability, compatibility, etc...) and eventual dismantling (weight, removal, recyclability, etc...).

This is not an ideal transition, but a complex and interesting combination between abstract geometric definition and practical materialization, involving its deviations and imperfections.

The presence of these parameters is progressively growing and it will soon determine our technological context completely. Therefore, this research is not only an opportunity but a necessity.

1.4 COLABORATORIO OR THE POTENTIAL OF DIGITAL TOOLS TO INTEGRATE MODELLING WITH FABRICATION [I][6]
Javier García-Germán

1. Until recently, digital culture in architecture has displayed a disproportionate interest in form. The digital design tools used during the last decade—for instance, parametric modeling software— have made possible a prodigious control over complex geometries, which has in turn triggered an uncritical exploration of continuous surfaces and biomorphic morphologies which obviated essential issues such as how those structures were built.

6. These ideas can be extended reading the books *Refabricating Architecture written* by Stephen Kieran & James Timberlake (2004 McGraw-Hill, New York); *From Control to Design* edited by Michael Meredith (2008 Actar, Barcelona); and the essays included in the reader *La Digitalización toma el mando* edited by Lluís Ortega (2009 Gustavo Gili, Barcelona).

If this first generation of digital tools enabled architects to explore new design processes and geometries, we are now entering a second phase in which the possibilities of the digital are being consolidated and extended. A new generation of digital tools is enabling these processes to be fabricated with the same degree of control and precision that is being used in their design.

It is in this context in which the work developed in CoLaboratorio is pertinent —an elective course oriented to overcome the fascination for morphological complexity with the aim of establishing a direct connection between design and fabrication. It is thus one of the objectives of CoLaboratorio to apply the capacity of the new digital technologies to redefine the ways in which architecture can be designed and fabricated, linking the CAD design processes (information) with the CAM construction processes (matter and energy).

2. The concept of representation is based on the action of defining an object by means of another object that resembles the original. When fabricating an object, its representation provides the information needed for its construction. Representation has provided architecture's principal design tools making available a planar methodology (plan, section, elevation, detailing) which has nevertheless been unable to transmit the real complexity of the object to fabricate.

Unlike representation, simulation offers a complete tridimensional regulatory structure which, instead of representing reality, builds a total real model which details each of its constituent parts and the set of relationships established among them. The information contained in a simulation is not limited to the dimensions and position of each of its parts but includes data about its material specifications —weight, resistance...— its price, its manufacturer or position in the process of fabrication. This information enables the designer to have a total and integrated control over its design, fabrication, use and disassembly protocols.

It is another of the objectives of CoLaboratorio to take advantage of the possibilities that simulation offers. Simulation has made possible to develop each of the structures of the course with a virtual model, understanding and visualizing each of its constituent parts and its connections with great precision. These models have enabled students to increase the control over important issues such as the optimization of energy and material resources and fabrication time. In addition these models have played an essential role in the integration of the design and fabrication processes, eliminating any difference between the digital model and the real model finally fabricated.

3. The use of digital technologies offers further opportunities. For instance, it offers the possibility to experiment with collaborative networks, which brings forth new modes of professional practice. Or it offers the opportunity to integrate in the design process a multiplicity of new variables, enabling to manage complexity. These are only two of a number of new opportunities that the next editions of CoLaboratorio need to explore.

Nowadays the design and fabrication processes constitute linear and independent processes which very rarely interact, displaying a negative segregation of intelligence and information. Nevertheless digital tools offer the opportunity to reverse this situation integrating collective intelligence and production structures in a single nonhierarchical process in which every single actor can interact.[7] The use of parametric models enables a group of individuals with different backgrounds and capacities to work simultaneously, combining their individual knowledge in the collective construction of a single object. As parametric models are not based on quantitative relationships but on qualitative ones, the data added to the model by different design groups can propagate within the model, incorporating in real time individual contributions to the rest of the system.

Until now parametric modeling has limited its capacity to the formal and constructive design of complex building skins. With a limited amount of initial parameters a multiplicity of variations can be obtained, thus giving a false appearance of complexity. But parametric

7. The term CoLaboratorio designates a distributed research centre. By means of information and communication techniques, CoLaboratorio enables researchers, with independence of their respective locations, to work simultaneously in a same project.

modeling offers the opportunity to work in a real way with complexity, providing the design tools necessary to manage complex organization systems that integrate multiple parameters —typological, programmatic, contextual and collaborative processes— and the relations between them. When a system engages reality, it can be considered to be connected, inclusive, adaptive and complex, thus providing the socio-political dimension that until now has neglected.

1.5 MASS CUSTOMIZATION, COLLABORATIVE INTELLIGENCE AND PROTOTYPING
Diego Garcia-Setién Terol

> *In architecture, form is a name. In industry, form is a verb.*
> R. B. Fuller. *Nine chains to the moon*, 1938

It's been 100 years since Henry Ford revolutionized industrial production with his assembly line for the Model T. Each worker performed a single action specialized and repetitive in its permanent position, as every copy of an identical Ford T passed him by, on a rolling band. He took on the principles of *The scientific organization of work* (F. W. Taylor, 1911), discriminating, quantifying and timing each elementary movement of the worker, to create an optimal job sequence that minimized time, also reducing the final product cost, resulting the motorization of north american society (including Ford workers). Quality, diversity and complexity[8] were also minimized to join the reduction of the final price. In 20 years, Ford sold millions of copies of the same car. With Taylorism the doctrine of large numbers, large series, action repetition and maximum return of man-hour were introduced in modern industry. They were modern times of mass production and large series of identical objects.

Today markets have changed, *quality, diversity, individuality* are signs of our time; the introduction of computers in industrial production,

8. 'Any customer can have a car painted any colo(u)r that he wants so long as it is black'. Henry Ford, *My life and work*, 1923.

particularly the CNC based CAD/CAM[9] with numerical code series, controlling tools tasks, which have had a major impact on productivity, reducing design and prototyping costs, eliminating operator errors and reducing labor.

Mass-customization[10] is the new paradigm of an industry always looking for more flexible ways to survive and meet the diversity of market demand, while maintaining the competitiveness of production. To do so, it has implemented flexible information management systems, and manufacturing has been increasingly *automated*, which allowed to combine the low unit costs of mass production, and the quality, flexibility and individual customization.

In 1984, Michael Dell started selling computers compatible with IBM-PC, built with components from various manufacturers catalogs, convinced that direct selling, would best serve the needs of customers. In 1985 he produced his first computer (Turbo) for sale upon request, with a custom assembly of each unit according to options, all at a lower cost than retailers, with the advantage of personalization. Today Dell dominates PC direct sales and is the 2nd largest manufacturer in the world.

This is also the trend in the automotive, marine, aviation or aerospace industry: the fragmentation of the final product into parts, modules or components, to pass through a management model based on the *Supply Chain*, to become an assembler of parts which correspond exactly to each order, reducing the stock, increasing quality and reducing production costs and times. The figure of the *Process engineering*[11] is key to optimizing and reverse the equation $P \times Q > C \times T$, which continues to operate in Architecture in reverse mode ($P \times Q = C \times T$).

This new working model, ends with the segregation between those who design and those who produce, ends with the hierarchical, linear and sequential structure, to rely on a fragmented model in which the problems are isolated individually and collectively to resolve both.

9. CAD/CAM: Computer Aided Design-Computer Aided Manufacture. CNC: Computer Numeric Control.
10. *Mass customization.* Stan Davis. *Future Perfect.* Addison Wesley Reading, MA. 1996.
11. *Process Engineering. Refabricating Architecture.* S. Kieran, J. Timberlake. MacGraw-Hill, NY 2004. p. 3-23. P: production scope; Q: quality; C: cost; T: time.

This requires certain information and communication tools that allow interactive development work, leveraging the *collective intelligence* that emerges from the collaboration and assistance of several individuals. *Collaborative intelligence* is a type of the above, and its final product, is derived from the actions of a group of people interacting with each other, feeding the collective work [crowdsourcing]. WorthIdea or Wikipedia represent the paradigmatic example of collaborative intelligence in the world of Web 2.0.[12] A Collaboratory would be the virtual space to deposit the collective intelligence. A networking space for innovation, flexible and participatory, based on reciprocity, to build collective knowledge maps in permanent development. It is an enabling environment to promote *intercreativity*, a concept adapted to the digital environment, which allows formal and informal exchange of knowledge, using interactive technologies.

In 2011 the work on the International Space Station [ISS] will be completed after 13 years for assembly and 5 for planning. It is a perfect example of a collaborative product, from the experience of five Agencies,[13] which have re-adapted four Stations ready to travel to space: the MIR-2 in Russia, the USA Freedom-SS, the Columbus (EU) and the Japan Experimental Module. Today it is in Earth orbit at 278-460Km and has a pressurized habitable apace of 1000m^3, it weighs 400t. and consumes 100KW of energy, to house six crew members per year for a lifetime of 10 years minimum. Its construction was raised by stages and in a modular way, building each module in Earth and bringing it into space for assembly. It was necessary to establish a collaborative project plan and technical protocols for compatibility between the modules, manufactured simultaneously in different places. Transportation to the space was made from various points to be assembled in orbit without pre-assembly on Earth, using computer simulation and coordination through ICT's.

It took 30 space transports, 10 manned missions, 30 logistical travels and 90 spacewalks for assembly work. The ISS consists of three

---

12. Range of applications and websites that use collective intelligence to provide interactive services network giving the user control.
13. NASA (USA), the Russian Federal Space Agency (FKA), the Japan Space Exploration Agency, the Canadian Space Agency (CSA), the Brazilian Space Agency (AEB) and the European Space Agency (ESA) (15).

node modules, 11 permanent modules (74m long), and a 110m beam for photovoltaic panels, plus other 7 non-permanent items (Shuttles and multi-functional modules). The ISS is a modular system placed in orbit, the result of a Collaborative job and structure, which can serve well as a working Model for the Collaboratory 2009.

A *model* is an abstract, graphic, physic or mathematic representation of phenomena, systems or processes to analyze, describe, simulate, control or even predict them. They are an essential part of any scientific activity [the Models Theory, studies the representation of mathematical concepts, according to the Theory of Sets (1874, G. Cantor)]. Since the *system* was defined as 'a whole that involves the non-additivity, in which its components and properties can be understood only as functions of total system', we know that *the whole is more than the sum of its parts*, since in any interdependent organization, behavior and expression of each part, influences and is influenced by all others, being in dynamic interaction depending on the purpose of the system. The study of open systems in the *General Theory of Systems* (GTS, L. von Bertalanffy 1937-40s-69) led to Cybernetics (1950), the Theory of Catastrophes (1970), Chaos Theory (1980) and since 1990, to the Science of Complexity, which seeks to describe the emergence, adaptation, self similarity and self-organization of *Complex Adaptive Systems* (CAS), characterized by the diversity of its membership, to be comprised of multiple interconnected elements, and having the ability to change and learn from their own experience.

Taking this as the catalyst and the intellectual challenge, did the Collaboratory etsam '09, intended to make a foray into the use of digital fabrication tools and parametric design software, to simulate three-dimensional models. Asked to manufacture a simultaneous collective model, each individual proposed a *template*[14] that would allow construction of a planned scheme, with a result between structure and content. The template served as a sample-based of a multiple and diverse entity, with common features and elements, or put in another way, it defined a *pattern*[15] as a possible solution, proven correct to a design

14. Tools used by industry to expedite the re-production of identical or almost identical objects
15. A set of rules that may be used to generate entities or parties of entities. C. Alexander. *A Pattern Language*, 1977.

problem, within a given context, and describing the invariant qualities of all solutions, which could also be reused and applied to different design problems in other circumstances. Patterns apprehended, a collective prototype was produced, an object digitally designed and manufactured from templates, which was divided into 12 three-dimensional parts or modules.

All the parts were assembled simultaneously and non-hierarchically, only at the end of the process, thanks to a cutting or sternotomy model, given at the beginning. Using 3D software to construct the model, allowed to simulate it, checking geometrical compatibility, allowing to detect errors and make improvements before beginning the process of digital manufacturing with a 2D laser cutting machine.

Teachers and students worked in a collaborative mode, exploiting the properties of the material (cardboard 3ply FB1-300g), and the potential of the machine (Trotec Seedy 100R). Important conclusions were derived about their performance and achievement, new questions were raised and we learned from mistakes, essential to any learning process.

[The author has used the free open and collaborative encyclopaedia <www.wikipedia.org> to compose the 81% of the content of this text.]

1.6 URBAN PROGRAMMED HYBRIDS
Sergio del Castillo and María Hernández

Are digital tools based on complexities and complementarities understood as flexible answers to urban design issues, opposite to any speculative *aprioristic* masterplanning. The proposal embraces a vision of the city as a meeting place where every interests is able to negotiate to each other, and a vision of the architecture as a referee between all of them.

Urban systems of development and regeneration are leading to meeting points where several disciplines can work simultaneously on the same aim: project from the consensus among *agents* and *resources* and *users*. Thus, "HURBS" (hybrid human-urban relational bidirectional system),

promotes the creation of a participative experiment in order to develop
a system of information and project in which the citizens and experts
must take decisions together to develop cities up to solutions that optimize the resources, supporting the vision of a city as a structure that is
constant re-informed by means of systems of digital management open
source and of public access (opposite to the *so called smart cities*),
never imposing but suggesting balanced states in every phase. This
system produces real sustainable cities from the economic, sociologi-
cal and environmental point of view.

This new resultant species, *hybrid prototypes*, are capable of adapting
to every condition and building needs by phase, and once materialized
they return to re-inform the contour conditions for the following hybrid.

DIRECTIVES OF THE SYSTEM

A. *Non-speculative and Adaptive Growth*, avoiding the imposition of
    a unilateral tracing, which does not bear in mind opinions from the
    involved agents.

B. *Hybridization and mixture in spaces*, environments and uses, capa-
    ble of providing the support to develop social complex fabric. City
    must adapt to the citizen needs in each of the three degrees of
    scale: urban support (public), building support (semipublic), perso-
    nal (private), on an inverse basis as the citizen must do.

C. *Anti-suburbanization*. Increase of density by phases to avoid the
    waste of soil and energy.

D. *Anti-superinfrastructuralization*. Infrastructures created as result
    of a better connected social fabric favoring the social relations with
    of potential meeting places

E. *Anti-zonning*. Support the contribution to social exchange and acti-
    vity 24 hours to obtain the maximum activity. The resultant PIP will
    be materialized by the minimal possible inertia to the change.

F. *Efficiency* understood as the minimal quantity of necessary resour-
    ces to reach an ideal urban organization; Complexity understood as
    the exchange of useful information organized to develop the social

fabric; and Compactness understood as building density relative to the consumption of soil.

G. *Emergent System* that allows us to give priority to the process of the project (programmed and always extendable), opposite to a closed final aprioristic idea concieved by a few designers.

H. *Phased Reprogrammable Development*. Once a phase is concluded, the following one is sensitive to the previous one as preexisting.

1.7 "ALUMNOBOTS"
Manuel Collado

The 21st century student profile will necessarily be bionic, a concept directly related to fusion of machine and systems of thought and production of architectural projects. In recent years, a shift has been caused, observing that the evolution of traditional display formats of the project and its "graphical output" offered some resistance to public communication of results and architectural concepts, primarily due to the overexploitation of the hard copy, which always involved a high level of abstraction.

It requires the staging of the results by building some "scenarios / machines" that provide a phenomenological/exhibitional dimension to help rebuild both the statements and proposals.

Therefore we face the problem of producing 1 to 1 scale prototypes, with material and budgetary constraints, which necessarily have to incorporate visual and digital protocols both in its construction and in its staging.

In addition to its inherent DNA, important concepts such as monitoring of cybernetics, or the ability to produce and experience feelings in real time, should be added.

To do so students must make connections with experts in programming, or production of any of its components, the scarcity of resources will probably make sponsorship become an effective way to involve financing companies and universities.

The success of the results developed in some experimental courses and workshops, where some highly immersive scenario/machines have allowed to explain to a lay audience, projective concepts and statements with a high level of abstraction, makes us think that the future of communicating projects, will necessarily pass through these formats, with bionic students on command, allowing greater interaction between university and society.

"If a machine, a Terminator, can learn the value of human life, perhaps we can also."

Terminator 2: Judgement Day. James Cameron.

1.8 ZIPZIP
Rodrigo García

Zipzip is a system to make high-rise buildings deployable. It is based on a transportable "scissors" structure that, when open, is supplemented by different elements to make it livable.

The advantages of this construction is the speed with which it can be assembled and dismantled, so you can use the same building for different contexts. It is perfect for use during major events such as the Expo or the Olympics because it enables an increase in the density of a city or the temporary colonization of new land. It also enables the rent or exchange of infrastructures, mobilizing the actual static real estate market.

Zipzip is the result of a investigation research on deployable structures, and how they can be distributed not only horizontally but also vertically.

First with a reverse engineering process

Zipizip is the result of an investigation that involves finding, development and optimization of structures made by pairs of articulated bars. First, through a reverse engineering process, several existing references were analyzed, most of them are deployables that work only horizontally. Subsequently began working on prototypes exploring the possibilities that these structures could also be deployed in a third dimension, finally achieving a structure that develops both, horizontally and vertically.

The second working point was to provide to the deployable structure rigidity without any external element, in other words, how to convert a self-limiting mechanism in to a structure limiting its degrees of freedom. The solution is simple, all the pairs of bars are deployed on themselves radially until their extremes are joined ant self triangulated and the structure is stiff.

The third innovation on existing structures is that it creates a repetitive and fractal system, as it may contain substructures of different scales that are attached to the main structure and all are deployed at the same time.

After working with prototypes, the Zipzip system has been applied to a real context: a building with offices, facilities and housing for a construction company that is drilling tunnels for the high-speed train in Spain. The building can be moved forward at the same time as the construction. The result is a tower consisting of 734 aluminum bars and 1167 junctions. There are only 6 different types of junctions and bars so it is easy to industrialize the product. The whole structure can be transported by a single truck and the total weight of the building is 147.325 kg. When erected it becomes an eleven-storey tower with a surface area of 210 m² per floor. When folded up, it is a package of only 5.46 x 8.12 × 4.82 m. This means a reduction of 78% in surface area and 97% in volume.

1.9. 3 ONE (3 CITIES IN ONE, IN 3D)
SKYSCRAPER CITY vs. THE CITY OF SKYSCRAPERS
José Miguel Prada Poole

CONCEPTS:

a. Utopia: City - Building or Building – City.

b. *Continuity*: No disruption or interference. *The Public Space is continuous in its six directions. Private Space also.*

c. Landscape City or Green City.

The city, anciently enslaved to the ground, and plundering of it, finally frees itself, turning it into a park. The vegetation climbs ever its facades and floods its covers resulting in a symbiotic way of life. The vegetation softens and cleanses the atmosphere of the city and the city takes care of the vegetation by secreting nature within and around it. City and nature are no longer irreconcilable enemies.

This city is conceived with fixed boundaries and dimensions. This eliminates most of its traffic problems, supply, consumption, etc. (A city without limits is an unsolved problem.)

The city consists of three groups of urban structures separate but interconnected, which cross ever each other, and which in turn, have separate administrative structures.

A conurbation of this type will result in a group of cities, associated or independent, that are supposed to have a common goal.

This is made possible through the knowledge of spatial geometry which deals with groups of three-dimensional shapes and their relationships to each member of each group, through this rare discipline called Morphology.

NOTE: In a volume of 1.200m × 1.200m × 312m high, 1.600.000 people live, work, rest, and play (200,000 people/module). The streets are all indoor, air-conditioned pedestrian walkways equipped with rolling sidewalks.

1.10 MAKING MISTAKES
Almudena Ribot Manzano

CoLaboratorio 2010 has encouraged us to bear in mind two issues: to remember that size is important and that mistakes are creative.

These two issues –size and making mistakes– are interrelated and interconnected.

On the one hand: mistakes arise from changes of size. From a structural and constructional viewpoint, in industrial prototypes complexity is exponential. Given this situation, size matters a great deal.

On the other hand: mistakes are permitted and as a result, projects of this size can be undertaken. In this sense, size is not as important as risk at the moment of changing the parameters...it is risk that actually matters.

When producing prototypes it is traditionally assumed that mistakes will happen. In the field of computers, the term "beta" is used to indicate the first version of a programme and the one that will need to be tried out and improved.

Changing size during research on prototypes is not the same as determining the scale of the model in a conventional project. Here the size does matter. Enlarging an object increases the degree of complexity in the design process and in its production. Thinking must be done with other tools: other machines with which to carry out tests, other materials to try out, a different number of preliminary models to make... The actual making is also done differently, using more complex constructional processes, more auxiliary resources, larger places for experimentation.

In the past it was normal to have instruction manuals: "Read the instructions carefully before turning on the device", or even stern statements: "The manufacturers are not responsible for the device if the instructions in this document have not been strictly followed". Nonetheless, one learns a computer programme by using it and the manufacturers do not make themselves responsible for that.

Our models are more like "beta" programmes than instruction manuals.

Discussing models is more difficult than discussing prototypes. Prototypes move towards the perfect object in a serial manner. Models are not exactly like that in that they do not necessarily follow a linear direction or focus on a subsequent reality and may jump from model to model. These could be models for reflection, models of behaviour or of situation. Models are part of reality and are co-producers of it.[15]

15. For a more developed idea of the model, see ELIASSON, Olafur, *Los modelos son reales.* GG mínima, 2007.

CoLaboratorio is an open, long-term project in a permanent state of trial and error. The exhibition is not the result of a process, nor is it a "happy ending" or a work in progress, a frozen moment awaiting a subsequent one. Rather, it is a place of production. We are taking the workshop outside.

Expressed in a synthetic form:

Colab Models ⟶ Architectural Model
Colab Exhibition ⟶ Resulting Exhibition

Error can be related to the uncertainty with which we move through contemporary life. It would be a puritanical mindset that considered that one had to do things in a rigidly perfect manner in a society in constant flux. In situations of such precariousness, instant, short-lived responses are offered. The moment has now arrived to change reality: *to champion the circumstantial, the mobile and what arises from the particular context.*

> "Given the precariousness of our experience, we are proposing a decidedly precarious manner of thinking, which infiltrates and spreads through the very structures that are asphyxiating us."[16]

Error is not failure. In CoLaboratorio we tend not to use particularly pompous words as they weigh things down a great deal. Nor does error have anything to do with frustration or with equivocation. Instead, we tend to think in terms of words such as "false step". We are above all interested in digressing and thus in being free to wander.

We should locate error on the same level as well-executed undertakings. That's all there is to it. If we speak differently, let's think differently. If we think of error as part of the actual production it will cease to be an impediment and will become part of the cultural system and part of our tool box.

> "A red sock in a yellow box. I made an initial version that I called 'well made': the dimensions of the red sock were the same as those of the box, which was carefully painted in yellow. I then made a version that I called 'badly made': I was no longer interested in knowing if the dimensions

16. BOURRIAUD, Nicolás. *Radicante*. Ed. Adriana Hidalgo, 2009.

coincided or if the colour was carefully applied. Then I made a version called 'not made', in other words, just the concept. On it I wrote 'red sock in a yellow box'. Then I took these three elements and a placed them next to each other on a board. Well made, badly made and not made. And I considered this group of three elements as 'well made'. I then redid it as 'badly made', and a third time as 'not made'."[17]

Nothing's impossible I have found,
For when my chin is on the ground,
I pick myself up,
Dust myself off,
Start all over again.[18]

Getting it wrong again. If possible, making a different mistake.

Reviving the idea that things can be perfected facilitates action. We have to free ourselves up, make things and make mistakes.

Projects are not finite, they do not end when they are handed in. Projects are long-term things, they are processes of research that are first proposed then returned to in a backwards and forwards swing over the course of a lifetime. Nor do their results end in themselves or in the object to which they give rise. Rather, they extend their influence beyond the actual physical context. Above all, architecture finds its own place in which it installs itself and as such is movable and recoverable. Ideas are returned to, reconstructed and with luck, perfected, and if one doesn't have too much luck, new mistakes are made. Different ones.

This is why architects think while making. We think in movement in a pendulum-like game that moves from the abstract to the concrete. We work with abstract ideas and move from an abstract code to an object that is based on overtly physical codes. The process is similar to translation, in which we recognize both the languages involved and negotiate with them. As with translations, we also know that, after all, what we are doing will not come out perfectly and will not have captured everything. What

17. Robert Filliou, *Genio sin talento*. Exhib. cat. Museu d'Art Contemporani de Barcelona (MACBA), 2003, p. 28. Excerpt from an interview by Irmeline Lebeer, 1976, in *Roberto Filliou,* Brussels, Lebeer Hossmann, 1990.
18. Extract from the song *Pick yourself up*, Jerome Kern/Dorothy Fields, 1936.

interests us with CoLaboratorio are the remains or vestiges, we nourish ourselves from them, returning to them and starting to translate again.

Our models are sufficiently generic to make them long-term projects; models for reflection but are also sufficiently specific to stand on their own. We also know that there will be something left at the end, which is why we carry on.

> *The fact that I don't grease the axles*
> *Means that they call me idle.*
> *If I like the way they sound*
> *Why should I want them greased?*[19]

We make objects but we think less about things than about relations between them. We are not interested in things.

We do not look at the figure but at the background, or not in fact the figure or the background but the space between them, the negotiating and compromise. These relations change, they are not fixed and are the ones that interest us.

We like the movement and time to which errors refer. Error sets objects in motion because, rather than isolating them, it links them together in a multiplicity of connections and shifts, referring to the before and the after. It relates to time because it reminds us that forms are always temporal.

Error inverts order and turns the world on its head; it is more exciting than correctness.

1.11 PRODUCTION OPTIMIZATION: MATERIAL AND TOOL
Ignacio Borrego Gómez-Pallete

A laboratory is a facility equipped with the means to research, testing, practices and scientific, technological or technical works. The laboratories are equipped with *tools or specific equipment* with which experiments

19. Extract from the song *The axles of my road*, Romildo Risso/Atahualpa Yupanqui, 1968-71.

are performed under controlled conditions in accordance with the goals of the activity.

This is intended so that they do not appear unforeseen influences that alter the outcome of the process, so that the only constraints are those initially expected. This way we achieve generalizable controlled conclusions that bring us closer to standard and repeatable processes.

The instruments available in the CoLaboratorio this time have been a laser cutter and a milling machine, specifically a lasercutter Trotec SPEEDY 100R, and a milling machine FR180 Alarsis 3d 130. Each machining system itself provides some features that are crucial in the process of *prototyping*, but the potential of each of the tools is also conditioned by the material used.

We are now in a time when digitalization has opened up the possibilities of manufacturing by making accessible to all users fabricators that allow manufacturing different elements within the *format* provided, and overcoming the traditional constraints of standardization.

Modernism pleaded an isomorphism in design that has reached our days as a technically overcome intellectual constraint, but hardly avoidable in practical terms due to the scarce development and implementation of digital manufacturing processes. However, the incipient proliferation of digital manufacturing devices in the global market has fostered the generalization of their rules and routines within the design processes, based on versions and variations.

The laser cutter reaches a very high cutting accuracy, and different carving possibilities, from mild cuts to complete cutting, through intermittent cuts that enables folding in the case of flexible materials such as cardboard, or a guide to a subsequent later cut with the advantage of keeping both parts fixed together during part of the manufacture.

The *manufacturing working area* is relatively small: 610mm × 305mm, so the execution of large pieces is limited. If the dimension of the prototype exceeds this area, the considerations on the design of assemblies should be extended also to the creation of each part by the aggregation of different elements. The *dimensions of supply* of material are not a problem to gain maximum benefits of this tool, because they are generally bigger, but is essential for the proper use of manufacturing working area and to reduce *material waste*.

In the case of the milling machine, this fact is more important because its larger working area, 1930mm × 950mm, can be limited by the dimensions of supply of every material. Sometimes you can order the material in a non-standard format, but this decision must take into account the manufacturing process and material characteristics, as it can happen that a previous cutting is required in the production source of the material, so it would not mean saving, unless it is a recyclable material. The *efficiency* of the design should be evaluated in the whole process from matter processing and manufacturing of the prototype to the dismantling of the prototype, and return materials to the chain of production.

If the material used is glass or some sort of plastics, custom supply manufacturing involves no waste of material, since 100% of the material can be reintroduced into the manufacturing cycle without losing qualities. In the case of other materials such as wood, remains of which are usable, but with lower quality because they must be placed in jobs that can be reused with their smaller size, or turned into chips for paper production. This loss of material features entails a drop in the recycling chain (downcycling).[20]

The milling machine also presents, besides a larger manufacturing working area, the capability of additional vertical movement, to a height of 120mm. This tool allows, apart from cutting in horizontal plane, a three-dimensional carving with high formal possibilities, but with reduced performance due to its high consumption of time. This can be exploited with certain materials with enough thickness and low resistance such as extruded polystyrene.

The arrangement of the pieces to be cut within the dimensions of the manufacturing working area, provides the cutting display of each panel. This task is especially relevant in the *optimization* of mechanization, as

20. The first recorded use of the terms upcycling and downcycling was by Reiner Pilz of Pilz GmbH in an interview by Thornton Kay of Salvo in p.14, *SalvoNEWS*, No 99, 11 October 1994. The concept was later incorporated by William McDonough and Michael Braungart in their 2002 book *Cradle to Cradle: Remaking the Way We Make Things*. North Point Press.

it determines the amount of waste material in the process. Following the same approach in preparing the material, the cutting will be more important if the waste material is not completely recyclable.

Generally, the arrangement of the elements within the format of the panel is done so that the coupling between the parts is maximum, and the *rate of use of the panel* is maximized. This process can be arbitrary, by shuffling intuitively the largest possible number of positions or use a specific software that can solve this task optimally based on any initial condition. Computer applications such as Grasshopper can arrange all the parts of a prototype in the minimum number of panels in a few seconds while respecting the desired parameters. You can limit the spins of the pieces, which is important when we deal with an anisotropic material such as wood, in which the natural grain direction is relevant to the structural behaviour of the piece. In these cases 180-degree turns could be allowed to increase the chances of arrangement, taking this property into account. Symmetry of the elements can be limited in the case that the material shows different sides (as some cardboards and plywood) to ensure that the properties of each surface are in the target face.

Moreover, beyond the systematic arrangement of elements in the panels, the manufacturing process can take one more step in the rapprochement between design and production allowing some influence of the cutting arrangement of the panel in the final form of the piece, ie, the final form can be determined by the manufacture. This way you can reduce cutting time and energy consumption, and increase its structure in some parts with material that would otherwise be discarded.

Designing should not be before or outside the knowledge of the details of production. Contemporary industry provides us with virtually any possible formalization, and seems especially appropriate to consider and analyze this means, to introduce the necessary design improvements to optimize the manufacturing process. Beyond what we create, we must ask ourselves how we want to produce it.

1.12 COLABORATORIO OR THE POTENTIAL OF DIGITAL TOOLS TO INTEGRATE MATTER AND INFORMATION [II]
Javier García-Germán Trujeda

1. Recent literature on the digital complex unveils the potential of digital fabrication (CAD–CAM) to transform the typical process of translation from drawing to building.[21] The planimetric representation mode has been outdated by digital tools such as BIM models which offer the possibility to leap from representation to simulation reducing drastically the distance between design and construction. Digital models have the potential to define objects with an infinitely greater precision, offering the possibility to simulate its performance in time. Similarly, digital fabrication has also contributed to transform the process from drawing to building, giving designers new tools which enable him to participate directly in the construction of the designed objects.

CoLaboratorio –as many other fabrication labs in different schools of architecture around the world– has worked during the last years to introduce students into the processes of digital design and fabrication. The pedagogical aim has focused on modeling and materializing tectonic patterns, searching for connections between design procedures and fabrication processes.

2. However, the reality of the building industry is way behind of the promising future these authors depict.[22] This attractive scenario comes from the automotive and aeronautic industries, among others, whose fabrication processes take full advantage of information technologies. These industries can use the full potential of digital technologies because of technical demands, production volumes and a financial

21. See the essay by Robin Evans "Translation from Drawing to Building", *AA Files* 12, 1986.
22. See the books *Refabricating Architecture. How Manufacturating Technologies Are Poised to Transform Building Construction*, Kieran y Timberlake (2004 McGraw–Hill Company, New York) or *Fabricating Architecture*, edited by Robert Coser (2010 Princeton Architectural Press, New York).

motor that make necessary and affordable the construction of detailed BIM models and specific manufacturing processes for each of the prototypes that is developed. Unfortunately the immense majority of architectural commissions are of a very different nature— these industrial protocols will be only applicable to specific industrial prototypes financed with big money.

This fascination for digital fabrication has also reached schools of architecture. So far CAD–CAM processes have been understood as a way to be critical with the strong attraction that digital technologies have aroused during the nineteen–nineties for organic geometries. This biomorphic obsession was meant to be overcome with the introduction of rigorous construction processes in the generation of complex geometries. However this has not been achieved and the vast majority of fabrication studios continue to use digital tools not as means but as ends. Even though attention has focused on the construction of complex patterns –in an effort to recover the connection to materiality– fabrication labs continue to be cut off from the technical and economical reality of building processes. Most of the attempts to re–introduce matter have been made uncritically and as a mere material translation of virtual reality. Evidence can be found in the resin and polymer tridimensional models which, lacking any information about structural or tectonic issues, show a total disconnection from real building processes.[23]

3. This discussion is framed in a broader cultural debate about the connections between the mechanical and the electronic paradigms.[24] It is a popular belief that the mechanical and the electronic are distinct and consecutive paradigms, in such a way that the electronic paradigm supersedes the mechanical one. However this is not true as we are dealing with two modalities –matter (substance) and intelligence (shape)– which are overlaid and are interdependent. Information is

23. We think this occurs with the work Aranda & Lasch published in the book *From Control to Design* edited by Michael Meredith (2008 Actar, Barcelona, New York).
24.4 This idea is developed in Sanford Kwinter's essay "The Cruelty of Numbers" published in *ANY* 10 (1995).

always present in matter by means of its embedded intelligence, manifesting through parameters such as its shape or the proportion of parts that make up the whole.

The mechanical paradigm shares these two modalities, matter and intelligence. The clock, a prototypical object from the mechanical paradigm, is built up by a set of mechanisms which have been ordered in a specific way to perform a precise function. Matter has been granted with mechanical intelligence which enables the clock to tell time. This example shows that matter and intelligence are not different things but interconnected issues.

The problem with mechanical objects is that they are designed to develop a single function. The target of mechanical reductionist design –similarly to the functionalist architecture deployed by the Modern Movement– is to "suppress most of the material–embedded intelligence in order to favor or isolate a single quality or dimension of expression",[25] evidencing an inferior performance to the material intelligence of natural processes which are capable of modifying its embedded information to adapt to changing situations.

However, it is equally problematic to stagnate in an obsolete mechanical paradigm of "material qualities and visible functions" or to think that the electronic paradigm is exclusively a virtual realm of "immaterial processes and pure intelligence". And this is the problem with current digital applications in general and with many of the experiments undertaken with digital fabrication in particular. If we champion the mechanic and the electronic as realms to overlay and interconnect, we are instantly assuming that virtual reality has no sense without its material counterpart.

Once the two–decade–long digital mystification has been overcome, several questions must be pointed out. First and foremost is the need to use the digital as a mean and not as an end in itself. Other questions that arise are how to work with digital tools without falling in mechanical interpretations or how to use digital potential without falling into the trap of avoiding the real. It is important to use the digital complex

25. Sanford Kwinter "The Cruelty of Numbers" published in *ANY* 10 (1995).

to embed more information in matter, but above all it is essential to do it in a simple, natural and pragmatic way, with smart combinations of analogue and digital[26] technologies that manage to put together the realms of the mechanical and the electronic. It is in this direction the CoLaboratorio should progress, as an open laboratory to research the possibilities the digital complex offers to integrate the electronic potential with the constructive reality.

1.13 FROM THE LOOM TO THE FABLAB [TOWARDS A CREATIVE AND PRODUCTIVE DIDACTIC]
Diego García-Setién Terol

"... the best teaching is *own experience*... the invention, including the re-invention, is the essence of *creative work*... we give students material to be handled... we have a good assortment of *tools and machines* in the workshop... we know that this experimental learning process takes longer, including detours and dead ends... indirect paths and the system of *trial and error* sharpen critical thinking, teach through experience and stimulate the desire to make things better and more accurately ... projects are assessed according to the proportion 'effort-outcome'... it emphasizes an important aspect of education, the economy... (labor and materials)... the use of any material should leave *as little waste as possible*... saving puts an accent on lightness... (economy) is searched by checking the maximum capacity of the material... emphasis is put on *technical and economic considerations rather than aesthetics*... it establishes a basis for agreement on general and contemporary principles of form, moderating the excesses of individualism... (which) is not in principle an objective... *integrating the individual in society* and its economy and make them share the activities of his time, is a school task..."[27]

26. Read Stan Allen's essay "The Digital Complex-Ten Years After" published in *LOG* n°5 (2005 Anyone Corporation, New York).
27. Josef Albers. "Creative Education", in F. Soriano, J. Ballesteros. *Cracks* 3 1 / 3. Madrid 1995, p. 136-147. Translation of the transcribed conference '*Teaching Practice*' form for the VI Intl Arts Education in Prague in 1928.

We find the description above, made by Josef Albers on the *Vorkurs*, the preparatory course for the Bauhaus of Dessau in 1928, surprisingly useful and valid today, to state the intentions, objectives and didactical practice in the ETSAM CoLaboratorio. But before pointing out the obvious similarities, some differences should be recognized with the legendary german design school.

Art, action and work were the didactical constants at the bauhaus, and *practice in its workshops* was the hallmark for their students, who were classified as apprentices, officials or masters, according to the tradition of craftsmanship. Richard Sennett[28] wrote recently that "craft covers much more than skilled manual work, designating a vital commitment and drive to perform a task well, focusing on objective standards applicable to any field of activity." This happens in the teaching -and practice-of Architecture in our schools, but unlike the learning of a craft in a workshop, which produces outward, *offering its results to society*, the student's production is not related to it, being almost always directed inward, resembling an artist's introverted work. They often draft unique and *ad hoc* projects, almost never optimized or improved, contrary to what happens with *prototypes*, *naturally perfectible*. Individuality of production is extolled, when we know from long ago, that our work needs the support of many professionals.

The bauhaus workshop is indebted to a pedagogy based on *"learning to think constructively"* which has its roots in the vanguard educational currents, born at the turn of last century like the 'school of work', the 'active school' of Kerschensteiner, the Montessori 'activism', or Dewey's 'progressivism'.[29] Gropius implanted this method and transferred it to productivism, and Hannes Meyer drove it later to industrialization; both directors turned the bauhaus an *experimental laboratory* for industries, selling them its ideas, patents and prototypes, in order to mass-produce them, taking advantage of the main difference of industrial and craft production: time taken to manufacture a certain number of products.

28. Richard Sennett. *The craftman*. Yale University Press. New Haven, 2008 (Ed. Anagrama, 2009, p. 32).
29. Tomás Maldonado: "Art, education and science. Towards a new design creativity". *Casabella* 435, 1978.

With the headquarters move to Dessau (1925) the period of maturity
of the bauhaus began, creating a corporation 'Bauhaus GmbH' to
sell the designs of furniture, textiles and other objects of daily use,
developed by students. The workshops were machined and especially
furniture and tissue –engineered by former students M. Breuer and G.
Stölzl– were the most profitable in business terms. Collaboration with
the industry allowed Breuer to produce its first prototype of steel tube
chairs, at the facilities of Junkers AG, local aviation company, and to
exploi its patents through Standard Möbel, while many designs from the
Stölzl workshop, were produced by Polytextil-Gesellschaft and Deutsche
Werkstätte. With the sales of designs and prototypes, it was intended
to finance the school, expand the workshops or to reward students. The
iconic chair 'b3' was a result of the collaboration between both workshops, with its nickeled steel tube frame and textile seat and arms.

Although bauhaus generally produced industrially, indirectly through
private companies, the *textile workshop*[30] is particularly interesting,
since it had up to 25 mechanized looms and could have made mass
production of its own. Among those, there were some 'Jacquard'
looms, the first fully automatic one (1801), which was operated through
a system of *punch cards,*[31] so that even the most inexperienced users,
could weave complex patterns. Thirty years later, and based on the
computer system of that device, C. Babbage -father of computing-built
his *Analytical Engine*, considered the first modern computer and printer.
Thus, the first computers, servomechanisms and machine-tools, used
punched cards or tapes *to program sequences of actions* and routines.
Today's microprocessors are integrated into these machines, called

30. The emphasis from the start of the Bauhaus to the tissue, makes importance to recall the
Semper facing the textile art, which he calls "original art" and first of the 4 "original technical procedures" with which a man can produce (and ceramics, wood and stone). Attached
to the wall for a home textile, enunciated the principle of the whole tectonic lightweight,
set from techniques and primitive crafts such as weaving, braiding and knotting. Gottfried
Semper. *Style in the Technical and Tectonic Arts o, Practical Aesthetics* (I). Verlag für Kunst
und Wissenschaft. Frankfurt, 1860, p. 13.
31. The punch cards were applied to the looms since 1725, and accompanied the development of mechanisms, robots and computers until 1950, being used as a carrier of information (binary code) to fall into disuse with the advent of magnetic and optical media, smaller
and capable.

CNC (Computer Numeric Control), which have revolutionized modern industry. These are the machines used in CoLaboratorio, and as the automated looms in Dessau, they allow students to manufacture, in a restrictive but efficient manner, 2 dimensional elements with which they can build –this time in 3D– what they designed, encouraging the method of trial and error inherent in any *prototyping*.

A first success of CoLaboratorio –after being its first course at the ETSAM, generously described as innovative× has been to expand its equipment with a CNC 3-axis milling machine, with a 2×1m table, which together with the old laser cutter 60×30cm, used for preliminary tests, have served in this present course to develop 3m diameter spherical prototypes, with two possible materials: 4mm plywood and 40mm polystyrene foam. Students were immersed in *geodesy* and spherical trigonometry, with the added difficulty of scaling up their models.

Dessau workshops functioned ideologically as a *"way station" to industry*, with an ultimate goal: to mass-produce better products at affordable prices that reach wider sections of society. The CoLab aspires to *outsource the production* of a school of architecture, offering society more than qualified professionals.

The means to build this new political and productive relationship with University, is to be defined, although there are models of virtual collaborative structures that proliferate around the world, as the *FabLab*[32] network, or projects like *Wikihouse*. These collaboratories[33] are oriented towards collective development of prototypes, whose design is available, free of charge, for anyone anywhere in the world, to make use of, and build them using CNC machinery for manufacturing. This practice takes on a new concept of collective authorship, which has legal support through 'creative commons' and 'copy-left', different modes of transfering intellectual property rights into *public domain*.

32. A *FabLab* (Fabrication Laboratory) is a production space of physical objects to personal or local level which includes computer-controlled machines. Its uniqueness lies in its size and its strong links with society. It is estimated that today there are 59 offical FabLabs worldwide. (Wikipedia).
33. Collaboratory: a term coined by Koichiro Matsuura in 1999. Designates a distributed research center. By exploiting information technology and communication, the collaboratory enables researchers to work together on a project, but who are far from each other. (Wikipedia).

In 2011, CoLaboratorio will pass from graduate to postgraduate studies, being included in the Master for Advanced Architectural Design (MPAA) of the ETSAM. In this context, related to research and professional practice, we will continue *'learning to think productively'* –with modest resources, collective intelligence and a great ambition– to lay the groundwork for a new 'way station' truly innovative.

1.14 OPTIMIZING
Elena Cuerda Barcaiztegui

> *Technology… is the effort to save effort. That to which we devote effort to devise and implement a plan to: ensure the satisfaction of the elemental needs; achieve it with minimal effort, create objects that do not exist in Nature and walk along with technology towards the good life and human emancipation … Technology should always serve the strictly human.*
>
> **J. Ortega y Gasset.** [34]

Optimizing is defined by the Royal Academy of the Spanish Language as "trying to find the best way to execute an activity", but which is the "best" way?, the "best" way, depending on what?...

The verb *optimize* in computing, can be compared with the act of improving the performance of an operating system, program or device through logical changes (software) or physical ones (hardware). In this discipline, optimization is mostly *used to complete a task quicker* (*time saving*) but this is not always the case. For example, in certain situations *consuming less memory* (*space saving*) is more important. Therefore, the program or device should be optimized regarding memory usage, even if this means slowing down the process. In the case of mobile devices, such as laptops or mobile phones, optimization in the *machine's battery consumption (energy saving) is what is looked for.*

In websites design, *optimization* consists of *looking for the best positioning in search engines*, known as **SEO**, acronym for Search Engine

34. Ortega y Gasset J., *Meditations on Technics* (*Meditaciones de la Técnica*), Alianza Publishing house, Occidente-Alianza Magazine Publishing House, Madrid 2002, 7th reprint.

Optimization. It is a process that provides a higher visibility of the website in different search engines such as Google, Yahoo! or Bing without paying any money to the browser, in order to access a leading position in the results.

In mathematics, *optimization* or *mathematical programming* tries to answer a kind of generic problems. Choosing the best one among a set of elements, related to certain parameters, is required. Optimization is used to *find the answer which provides the best result*, the one that achieves better profits, increases production or happiness or that one which involves lower costs, waste, or discomfort. Often these problems involve using resources such as money, time, equipment, personnel, stock, etc. in the most efficient way.[35]

Therefore, *optimization* is aiming at three specific purposes:

- Saving time
- Saving material and/ or energy resources.
- Saving space[36]

How is this extrapolated to construction? How is a complex process that involves many factors and agents optimized?

It seems that architecture is requesting a reflection. *Optimization in building will happen once the construction process becomes as important as the final built up design*.

The process of developing an industrialized product requires strict control in each of its phases. In other industries, it is usually a single entity the one that is responsible for performing the product market research, identifying the manufacturing methods or providing the sales and after-sales services.[37] The result of this type of production

---

35. Arsham, Hossein (1994). 8th Edition: *Deterministic Models. Lineal Optimization*. Available at: <http://home.ubalt.edu/ntsbarsh/opre640s/spanishd.htm#rop>. Searched on Sept 5, 2011.
36. It is important to take into account that an economic repercussion is obtained as a consequence of the improvements in these 3 fields.
37. Related to this topic, see Alfonso del Aguila García's book, *Las tecnologías de la industrialización de los edificios de vivienda* (*Industralization technologies in housing buildings*). Colegio Oficial de Arquitectos de Madrid. Madrid, 1986.

has been assumed by society in a natural way and a lot of progress has been experienced in the optimization of the manufacturing processes amongst different sectors (e.g. automobile, aeronautic o electrical appliance sectors). However, why is it so hard to progress in this respect in the building process? Is building in a traditional way more profitable, environmentally and economically speaking, than doing it in an industrialized way?

There are many inherent constraints that make very difficult to develop new production systems in construction. There are too many agents involved in the process who develop their tasks with a specific degree of independence (the architect, developer, contractor, other technicians, local services, etc.). This hampers significantly the coordination amongst the different phases of the overall process.

In our society, the industrialized built up product is perceived with some degree of scepticism and distrust. This relates to specific standardized and modular elements that may remind us of "containers" or industrial sites and that are far from our society's general desire of "customization". But is mass production the only way to the rationalization of the building process?

Traditional industrialization has generated closed systems and homogeneous products. Opposite to this, *open construction*[38] is characterized by the possibility of joining structural elements with different origins, which can be assembled due to their dimensional, tolerance and joints compatibilities, creating diverse architectural projects from the same components.

The current industrial technology allows us to create an open catalogue using the component assembly processes which accepts different solutions.

This approach gets *industrialization closer to architecture*, maintaining the character of the building as a unique object. It also allows us to

---

38. "Open industrialization? What's that? Maybe the tenders for frontage panels, windows, doors, etc? Nobody has been able to use them. They have been useless. Each architect wants to design his own "trick", wants his own panel... in order for industrialization to provide a beautiful architecture, *it is necessary that architects know the processes very well*.". Jean Prouvé Magazine *T&A*, #327, Paris, 1979.

take advantage of current technologies, giving preference to those that use less energy and fewer raw materials, and introduce new techniques to experiment with them.

If we take into account the *full life cycle of a building, energy saving performs* a key role in the construction process. In this way, progress will be made on topics such as design and manufacturing savings and effectiveness, efficiency during the construction phase and savings in construction times, and efficiency of the useful life of the building. Techniques and design of passive strategies will be incorporated to improve energy performance and recycling or reuse possibilities will be assessed as the final phase in the building life-cycle.[39]

The "CoLaboratorio" course has been running at the School of Architecture in Madrid for two years. The "CoLaboratorio" tries to modify the game rules since it is the way to tackle what has changed. The objective is not the final design but starting a *new investigation about how to produce a prototype*.

The purpose is *to optimize a prototype*, a process. Some of the features studied in this process are: time saving in cutting and assembly, the best utilization of material resources, energy saving, ensuring lightness of components and minimizing the number of assemblies. The process looks for the optimization of the resulting product, not the final one. This resulting product is still considered a prototype since we will continue to search for the maximum effectiveness on it.

The "CoLaboratorio" is presented as a first step in the *research for the optimization of the construction processes*. Collective participation in the workshop, digital media and the new skills acquired in these two years the course has been running,[40] allow generating a *new optimized production line* and creating a unique *final product* formed by the *assembly of different components*.

39. Related to this topic, see César Ruiz-Larrea's work "Architecture, Industry and Sustainability" ("Arquitectura, Industria y Sostenibilidad"). *Construction Reports* Vol. 60,512, 35-45. Oct-Dec. 2008.
40. Laser cutting machine on the first one and milling machine on the second one.

1.15 TOWARDS THE DEMOCRATIZATION OF DESIGN
Collaborative Design and Personal Fabrication

Areti Markopoulou

The success of the IKEA concept that has become a phenomenon is based on the Industrial Revolution of the nineteenth and twentieth centuries, when the machine made possible the economical mass production of objects.

Many people believe that IKEA has democratized design, that IKEA furniture has become an icon of democratic design or design for the masses. No doubt the phenomenon has introduced many new concepts such as the DIY" mentality but what really needs to be understood is that such phenomena reflect the democratization of the product and not of design and its processes.

With more and more tools at our disposal as users, we want to design everything we use. People want to share in the design of the objects in their lives. They insist on being part of the conversation about the objects around them. Both the process of designing and the management of this process are changing radically. Egos are disappearing, participation is expanding, tools are widely available and everyone wants to 'be involved'. While many view this as a positive development, others believe that this ubiquity will lead to the deterioration of professional design. Nonetheless, the enormous challenge for designers is to find ways to allow people to enter the 'picture' and be able to design with them.

The next revolution in the design process can be found in this democratization and in the idea of allowing consumers to be part of the process of designing the objects they use.

The development of the Internet in the twentieth century has elucidated the ability of the distributed system to configure robust, stable systems of broad economic and social participation as they develop. This has led to effective centralized production systems that allow us

---

41. *Do it yourself* (or DIY) is a term used to describe building, modifying or reparing of something by yourself. (Wikipedia).

to construct, produce, and manage resources for the vast number of growing populations throughout the world.

The recent growth of the Internet from a passive source of information to the active Web 2.0 global social community has shown us how we can change many of the paradigms of production systems and the distribution of digital information. In this Web 2.0 structure users are both consumers and producers of content. The formerly *directional* relationship we had with the TV or the computer has now been transformed into a *bidirectional* relationship in which each one of us (user/consumer) can produce (producer) the content for other users.

The model of distributed production and distributed information has led to a greater democratization of content. It is here that a new definition emerges, and the user is no longer just a user or a consumer but a *prosumer* (producer+consumer)

THE WIKI PHENOMENON/OPEN-SOURCE DESIGN

When O'Reilly Media[42] and O'Reilly Radar[2] first used the term Web 2.0 back in 2004 it was claimed that 'Web 2.0 thrives on network effects: databases that get richer the more people interact with them, applications that are smarter the more people use them, marketing that is driven by user stories and experiences, and applications that interact with each other to form a broader computing platform.'

On the basis of the possibilities offered by Web 2.0 there emerged the phenomenon of wiki, which experienced its most important growth in 2001, when Wikipedia was born. The basic idea behind a wiki website is that it can be edited by any visitor; it is a technology for the development and management of new content, which enables a collaborative, interactive and intercreative engagement amongst users. *Mass Collaboration in interconnected communities is reinventing the way businesses communicate, create value, and compete in the new global marketplace,*

42. O'Reilly Media (formerly O'Reilly & Associates) is an American media company established by Tim O'Reilly that publishes books and Web sites and produces conferences on computer technology topics. (Wikipedia).

Anthony D. Williams and Don Tapscott tell us in their bestselling book *Wikinomics*,[43] first published in 2006.

Analysing the radical changes in the process of design and production within this new interconnected reality we find that these have been made possible by two developments that are spreading their influence into a number of layers of the design process. These developments are the evolution of open-source or Free Software and CAD/CAM technology.

The concept of open source basically starts with the idea of free software. Platforms such as Napster –a peer-to-peer music-sharing service– then appeared, supporting and further implementing this idea in their global file-sharing databases. Open source has allowed us to work with distributed and freely developed software. Once obtained, each user has access to the source code, which can be used, copied, studied, modified and freely redistributed. Open-source software has allowed the whole community of users to collaborate in a collective and radical way to improve the usefulness of programmes.

This idea is enhanced by concepts such as peer-to-peer (P2P) networking, stemming from informatics, which initially referred to a network of computers that work not with fixed servers or clients but rather as a series of nodes that interact equally with one another. They thus act simultaneously as clients of and servers to other nodes on the network.

Open source can be thought of as a philosophy or simply as a pragmatic methodology. And when the open source methodology is applied to design, Open Design or *Open-Source Design* appears: a distributed design that can be downloaded, copied, used, modified, distributed again and uploaded.

INTELLECTUAL PROPERTY

Who, then, is the owner of a design?

43. *Wikinomics: How Mass Collaboration Changes Everything* is a book by Don Tapscott and Anthony D. Williams, first published in December 2006. It explores how some companies in the early 21st century have used mass collaboration (also called peer production) and open-source technology, such as wikis, to be successful. (Wikipedia).

In this new world of open-sourced software and design there is a need for new ways of protecting creative work that is available for others to build upon, legally, and to share.

Creative Commons is one of these ways, and goes beyond the rigidity of the strict *all rights reserved* copyright. As an extension of Richard Stallman's 'copyleft',[44] Creative Commons (CC) is a non-profit corporation dedicated to enabling people to share and build upon the work of others. CC provides free licenses and other legal tools to highlight the creative work of a creator with the freedom that the creator wants, so that others can share it, remix it and use it commercially or any combination of the above.

MASS CUSTOMIZATION

The production model of the past two centuries, imposed by industrialization, has been a model of mass production. The Fordist model[45] and the Toyotist model that developed out of it were successful mainly because they presented ways of increasing productivity. Their major innovation was the creation of parts in series, standardized parts, which had to be identical in order for the link to be perfect.

It is only in recent years that advances in computer-aided design (CAD) and computeraided manufacturing (CAM) technologies have begun to have an impact on building design and construction practices. These advances have opened up new opportunities by allowing the production and construction of complex shapes that were until recently very difficult and expensive to design, produce and assemble with traditional building technologies.

44. *Copyleft* is a playon the word *copyright* to describe the paractice of using copyright law to offer the right to distribute copies and modified versions of a work and requiring that the same rights be preserved in modified versions of the work. In other words, copyleft is a general method for making a program (or other work) free, and requiring all modified and extended versions of the program to be free as well. (Wikipedia).
45. Fordism is related with the manufacturing system based on mass production: the manufacture of estandarized products in huge volumes using special purpose machinery and unskilled labour. (Tolliday, Steven & Zeitlin, Jonathan. *The Automobile Industry and its Workers: Between Fordism and Flexibility*, St.Martin's Press. NuevaYork, 1987, pp. 1-2).

In addition to its utility in the construction of complex forms, CAM technology has enabled the rapid production of non-standard parts at low cost and a much higher speed than previous techniques. This has enabled the mass production of non-standardized objects and thus begun the move from mass production to mass customization. With the cost of these machines and their infrastructure requirements getting lower all the time, they are becoming more and more accessible to small local companies or even individuals.

NEW VIRTUAL MARKET MODEL

The twin phenomenon of open source and collaboration now allows anyone to design and customize the product they want, and the low cost of production of non-standardized objects has generated a new model for the virtual market. This new model is represented by the mass customization platforms that began to appear about three years ago.

By way of these web platforms anyone can buy design products, ask a designer to create a customized product, or create and make a product of their own. People can even create their own virtual store to sell their designs and products using the special digital services offered by these platforms. These platforms have shown that mass customization is a viable economic model, and one that can be particularly successful when it works in collaboration with the users, allowing them to design their own personalized products.

These platforms are based on the ideas of *open source* (you can download designs, modify them and submit them to the platforms for fabrication), *collaborative design* (users exchanging designs) and *personalized design* (any user, with or without design skills, can produce a customized design).

The evolution of these platforms has not only brought with it the opportunity to design your own objects but also empowered the DIY mentality in the fabrication of those objects.

PERSONAL FABRICATION/FAB LABS

Of course, in order for prosumers to produce, they must have access
to the means of production. This is already happening in music, in
software and in interactive media in general, because the means of
production are skills and talent (which the prosumers already possess),
knowledge (which can be found on the Internet) and computers and
other hardware devices, which are becoming ever more accessible.

But how can the idea of the prosumer exist in the world of design and
its products? How can we provide users with the means of designing
and producing their objects? Is it possible to go from centralized mass
production to local personal fabrication in the way that we went from
ENIAC[46] to personal computing?

The Fab Lab programme, a project from the MIT's Center for Bits and
Atoms, explores how the content of information relates to physical
representation. The Fab Labs are laboratories of personal digital fabrication in which it is possible to make almost anything, from a computer measuring 1 cm by 1 cm to an intelligent house. These labs are
distributed in various parts of the world and connected to each other
by way of the Internet and video conferencing, which allows the sharing of experiences and with it the creation of a network of distributed
knowledge. The Fab Labs are equipped with state-of-the-art equipment such as laser cutters, 3-dimensional printers and milling machines and electronic components for creating artificial intelligence.

The digital fabrication laboratories are small-scale facilities that
enable us to produce personal programmable fabricators, also known
as fabbers. A fabricator uses computer data as the instructions from
which to create a 3-dimensional solid object, which may be a model or
prototype or an actual product. *Some people speak of the output of fabricators as 'desktop manufacturing'* by analogy with the desktop publishing revolution. In the same way that the computer printer arrived on

46. ENIAC short for *Electronic Numerical Integrator And Computer*, was the first general-
purpose electronic computer. It was heralded in the press as a "Giant Brain" and it had the
size of a room. (Shurkin, Joel, *Engines of the Mind: The Evolution of the Computer from
Mainframes to Microprocessors*, 1996).

the desktop, fabricators are reaching our small laboratories and even our homes, and bringing with them the possibility of manufacturing not only other objects but even copies of themselves. Personal fabbers are the revolution in digital manufacturing techniques. They are the means of bringing design production from the industrial scale to the neighbourhood scale and even to the personal scale of the individual prosumer.

The transition from analogue to digital communications and information technology enabled us to have personal computers connected on a global scale through the Internet. It now seems that digital fabrication and platforms such as the Fab Labs are allowing us to move from centralized mass production to local personal fabrication.

Collaborative and Open Source Design as well as advanced CAD/CAM technologies open up new paths both in the design and the fabrication processes allowing users to actively participate. The role and the working of collaborative design and digital fabrication technologies are fundamental and quite similar to those of the genetic code that builds our bodies. Research in digital manufacturing technologies is leading to the development of personal programmable manufacturers (fabbers), which can convert digital descriptions (genetic code) into physical things (bodies).

1.16 SIX MEMOS FOR THIS MILLENNIUM
Modulab

> "José Antonio, you should realize that this kind of architecture that we do, what today is so called architecture, has no future at all. It is personal, fanciful, complicated, handcrafted. It should arrive a new architecture industrialised, modular and simplified. No what we do today".[47]

In 1984 Italo Calvino wrote six memos for next millennium, a series of lectures that he should read next year invited to the Eliot Norton Poetry lectures at Harvard University.

47. José Antonio Corrales in *Alejandro de la Sota Seis testimonios.* Papers Coac.

The first six lectures became five when Calvino died before ending the last one. The final five named: LIGHTNESS, QUICKNESS, EXACTITUDE, VISIBILITY, and MULTIPLICITY; talked about literature qualities from the past that, in the opinion of Calvino, would lead literature in next (this) millennium.

If we agree with: "the spirit of an age is represented in all kind of art"; those qualities marked for leading literature will also lead architecture. Reading again his words, we feel confidence that we are in the right way, and that if there is any architecture that will play a determinant role in this millennium it will be the same as we are doing in our office since 2007, LIGHT WEIGHT INDUSTRIALISED ARCHITECTURE, which intentionally and possibly with a big amount of self-interest we translate to the next concepts.

LIGHTNESS: An architecture that has in lightness its expression. Opposite to the main issues of weightiness and mass related to brick and concrete. That has, as in its origins, the airplane as reference. And that follows the steps of the pioneers Fuller and Prouvé among others.

QUICKNESS: An architecture that has, in quickness, its competitive advantage, that reduces time of production to the half or even to one third of total time. And, as Calvino Memo said, an architecture that constructs its image in the most direct way.

EXACTITUDE: An architecture that has, in construction accuracy, its value. That makes room for new numeric control techniques to express their possibilities. That uses just the precise elements for its construction.

VISIBILITY: An architecture that produces a new brand image that leaves behind the common perception about the first generation of prefabrication building, with the generalized public position against mass production and grey uniformity of concrete blocks.

MULTIPLICITY: An architecture that is able to be duplicated, in catalogue models, a kind of prêt-à-porter architecture, as in the development of construction systems that allow the major variations using a standard procedure.

Coming to an end, we make ourselves the concession of adding the sixth Memo that Calvino didn´t wrote, with one that we consider an unavoidable task for architecture in this millennium and this is:

SUSTAINABILITY: An architecture that understands the whole life-cycle of construction, from elaboration of materials to the end of building life, the consumption of energy and others, not only recycled materials but recyclable architecture.

But as Italo Calvino said, this is not because we are against other kinds of architecture, but we have more things to say about this one.

1.17 REFORMULATION OF A SUBURBAN HOUSING UNIT
Fernando Altozano and Sebastián Severino

The need of renovating the new is one of the deplorable situations our discipline can face. In other words, redoing a newly built unit can be terrible, especially if one can tell by its design of the architect's good intentions.

The reformulation in the suburban neighborhood of Las Tablas in 2009 starts from this premise. This three-room apartment initially belonged to a young couple, who bought it off the plan for a reasonable price as part of a housing cooperative project. This means they engaged to buy the apartment before it was built.

The building is an open block with corner apartments and meets domestic/local standards and regulations. The apartments are all similar with an oak floor over sapelly strips, (in-built) closets with veneered wood doors, air conditioning system and two bathrooms sharing the central spine where the neighbor next door.

When they finally received the keys and visited their new apartment, from which they only knew the original plans, they agreed not to move from the tiny apartment they were renting. The believed it was not possible to refurbish the apartment in such a way that it would change its character, but even so they came to us for advice.

The study of their denial was the starting point of our approach, which demonstrates that the choice of living in the suburbs of Madrid, with a poor urban planning can only be balanced by improving house conditions; and on the other hand, it is very difficult to identify yourself with a common apartment today.

We note with concern that nowadays when a multi-family building is completed, a dumspter quickly appears in front of it to tailor the apartment of some householder, which makes other neighbors act the same way. The banking tecnique is simple, the mortgage term is extended and thus gives the apartmentholder the chance of being part of the process and be able to socially make and communicate his own decicisions in regard to his house.

The goal of our work was not to swap one finished scenario for another, but to transform the essence of the house into an infrastructure unit capable of generating a wide range of solutions without considerably increasing the budget; always trying to reuse the existing materials.

Shoulder to shoulder with the owners, we started demolishing every element that could keep them from understanding the technology, function or use of the house. Our goal was not to destroy but to create a new framework. We continued to dismantle the technical ceilings and fake beams that hid careless work and construction errors, ceramic envelopes that acted as a defensive strategy for building contractors and architects, etc. Mechanical, electrical and water installations, which originally were embedded in wall partitions, were redistributed into a ring structure along the façade and sharing walls (fixed).

A system of keys and sockets was added to this perimeter, to which partitions could be connected as fully-equipped pieces of furniture. This new condition allowed the movement of these pieces without damaging or having an impact on the rest of the house. Partitions were finally removed, because they reached the floor structure (as the Spanish standard states) and the mortar layer on top highlighted the 2cm difference between the rooms. Therefore, this construction system didn't consider continuous paving.

The surprises found and the knowledge acquired whilst demolishing were enough to make all the decisions; production design was minimized; the demolition gaps and openings were reused to carry circuits and radiators were joined and put along the façade. When possible, elements where left exposed.

The outcome is an infra-structure for logic and progressive inhabiting that can adapt itself to the different family life scenarios. It allows imagining new solutions (yet unknown) that will be discovered only when the need for them arises.

1.18 E-OO SERIES
José Ruiz-Esquiroz. Zon-e arquitectos

e_01 Rotterdam Biennale Pavilion	**2003**	model exhibitor
e_02 Loft ZN	**2005**	shelve-desk
e_03 NAna Apartment	**2006**	shelve-threshold
e_04 Kiliki Penthouse	**2008**	shelve-wall
e_05 Filmmaker Apartment	**2008**	roof lattice-shelve-desk

The introduction of digital tools, not just for representation but for *formal experimentation*, occurred in our discipline in the mid 90's, thanks to the import of technologies developed mainly by Film and Aerospace industries. During those years, an intense discussion among the *morphodynamic* and *morphogenetic* trends begun in the most speculative academic studios. While the former were concerned with the transformation of form through the use of virtual fields and forces, the latter proposed a series of algorithms, whose iteration were able to generate complex formal structures. Both processes fascinated our discipline, not only due to its novelty, but because they generated complex forms beyond our intuition. Nevertheless, some critics accused them for being too arbitrary (*morphodynamics*) or too deterministic (*morphogenetics*).

With the creation of *dynamic forms*, the term *anexact geometries* (but rigorous) was coined.[48] They were opposed to the classical eidetic

48. Greg Lynn, "Probable geometries: the Architecture of Writing in Bodies", in *Any* 0 (mayo/junio 1993), pp. 44-49.

geometries, equal under all circumstances, the Platonic preconceived forms which had dominated the history of our discipline since its origins. These new *differential geometries* referred to the Deleuzian concept of the *body without organs*,[49] in which instead of a clear internal organization and a fixed system of proportions, form was defined by the forces and intensities that constantly crossed bodies, reflecting an invisible and complex *vectorial context*. *Anexact geometries* required more information than the *eidetics*, but with the capabilities of new computers, its management was possible at a reasonable cost. Furthermore, with the CAD-CAM technologies, its fabrication didn't depend anymore on long and specialized handicraft hours, so the construction costs were actually minimize thanks to the removal of intermediaries, which almost were reduced to the designer and the CNC machines, which produced the 1:1 scale model.

In the five incarnations of the *e_oO series* presented here, the 3d models were directly designed with CAD, and later fabricated with CNC machines with no intermediaries. All were assembled on site in just one or two days, with unskilled labor, and always using a very cheap material (MDF panels).

On the other hand, from a *linguistic* point of view, these forms do not reproduce anything but its own transformation process. They are an *index*, a temporary sign that avoids any symbolic content. Similarly, its materiality does not pretend to mean anything, remaining completely abstract.

In summary, our office (www.zon-e.com) has been producing this *multifunctional* and *open e_oO series*, whose forms reinterpret the solicitations of the context, and whose fabrication using CNC machines makes us question the way of manufacturing which has prevailed since the *First Industrial Revolution*, surpassing the serial and mass repetition of modular elements, aiming to a *non-standard fabrication of differential geometries*, which are adapted without violence and at low cost to everyday conditions.

49. Gilles Deleuze & Félix Guattari, *Mil Mesetas. Capitalismo y esquirofrenia*. Ed. Pretextos. 1997.

1.19 VIRTUAL ECOSYSTEMS PROGRAMMATION AS NEGOTIATION LABORATORIES: PROTOZOOP
Sergio del Castillo

Author: Sergio del Castillo Tello (NaN ; URL:< www.NaNetwork.Net>; INFO: <info@NaNetwork.Net>)

Collaborators: Eva Castiñeira, Javier Argota; developed within the Projective Technification Workshop 100x10 (<www.100x10.com>)

Video online: <www.vimeo.com/27642885>.

0. BACKGROUND (TERMINOLOGY, REFERENCES)

0.1 *Terminology. OOP* stands for 'Oriented Object Programming', a paradigm of programming which uses objects and their interactions, to design applications which run a task.

0.2 *References.* "Victims" Book (J.Hejduk), where the narrative among many entities and their interrelation rules are showed. *Multi-agent* programmed systems such as "Autonomy Lab experiment 36 iRobots" by Borys Biletskyy.

1. AIMS (DEFINITION, PURPOSE)

1.1 *Definition.* The ProtozOOP Project (Virtual Ecosystem) consists of creating a relations system among abstract entities, an artificial environment with multiple surrounding conditions whose parts interact to reach an overall equilibrium. A relations system is arisen among 14 iconic entities (agents) which react together according to their programmed behavior while being able to learn from their achievements and mistakes. Each agent has an associated ID and they are programmed with a ROUTINE (behavior), an ALERT (satisfaction or dissatisfaction depending on its behavior) and a DOMAIN (entities directly affected by its behavior). Installation users are identified with every agent and they have to manage the negotiation to reach the ecosystem equilibrium so that the installation works out like an assistant for reaching agreements.

1.2 *Purposes.* This Virtual Ecosystem project was thought:

a. to reach the instant and simultaneous MANAGEMENT of variables and
    resources, to convert the playing scenario into a simulated Reality.

b. to put BEHAVIOR before form. An agent identity arises from its
    own reactive behavior, updating its formal expression with every
    decision-making. The relative positions network is always before the
    unit look.

c. to reach the TRANSPARENCY of internal processes, through
    the codified representation of influence areas, location, relations
    among agents. It takes the most of the capacity of registration and
    constant calculation of the programmed environment, and it can be
    expressed in an understandable and publishable narration, towards
    a project methodology.

d. to conceive a multi-agent system, programmed tool suitable to
    reach networked projects, manipulable through an easy modal
    visual interface.

e. STRATEGY before result. Relations are represented, observed,
    registered and criticized, not the final objects. Programming before
    the object.

f. to articulate an OPEN system which includes in its processes its own
    evolution, through adaptive programming structures, assuming the
    code revision depending on the results, it means through sensitive
    agents to surrounding conditions which have the ability to learn from
    the unforeseeable experience by condensing the results in new tools.

g. to manifest ECOSYSTEMS or unattended scenarios product of
    simultaneous behavior and derived from limited identities, genera-
    tive by superposition, from an interests balance, from a comfortable
    coexistence state.

h. to arise the COMPARED STUDY of the possible scenarios, relating
    to a determined relational cycle, within the framework of a dynamic
    reality, where there would not be just an ideal solution for the equi-
    librium, but several optimum and optimizable scenarios, where any
    agent can lose or win in favor of the community, and where there is
    always chance to improve.

i. to make visible the NEGOTIATION as essential tool, connecting action and consensus, and linking the interactive participation of all the agents and all the disciplines, to the wheels of the system, and to the most intimate operation inherent in the whole, which is at the same time an entire laboratory of collaboration able to translate the negotiation into a family or guiding laws.

j. to look for the BALANCE between the project aim and the computational results, among the agents, as autonomous entities of programmed unity, and the ecosystem, as calculation suggest, as a product of coexisting and fruit of work.

k. to reach the INFORMALITY as expression of the project like a adaptive topological cloud. It will be the point of meeting and managing among all the interests, not a particular imposition.

l. to respond to the NEMATOLOGICAL nature of the problem, nature where multiple interrelated parameters are involved and they cannot be analyzed separately.

2. METHODOLOGIES (PROTOCOL)

2.1 *Protocol.* To program a Virtual Ecosystem it is necessary to elaborate a MAS diagram. A multi-agent system (MAS) is a distributed system where the combined behavior of those elements or agents produces a result "intelligent" as a whole, able to tend to achieve any objective. It is important to understand that agents (ID's) are not necessarily intelligent. There are two types of multi-agent systems generations, the formal one and the constructivist one; the latter, which is our case, tries to provide all the agents as a whole with intelligence. This way, through interaction elaborated mechanisms (programmed routines), the system itself generates intelligent behavior which was not necessarily planned at the beginning or defined in the own agents (which can be really simple). This kind of global behavior is habitually called emergent behavior.

2.1.0 *Descomposition.* The MAS is characterized by Autonomy: agents are at least partially autonomous, each one has a goal to achieve; by Local vision: agents have no global vision of the system, or the system is too complex for an agent to make some practical use of this knowledge;

Decentralization: there is not any assigned system global agent, all of them contribute to the whole, there can only be prefixed restrictions by aprioristic consensus.

2.1.1 *Formulation*. An example of agent formulation is the agent ID 00; Routine: to examine front views through its rule. Alert: When it finds in front an obstruction (another entity which is within its domain). Domain: agents 1, 2, 4, 9 (agents taken as possible computable obstructions).

2.1.2 *Modeling*. Basing on the agent adaptive informality (as well named AIA, Abstract Intelligent Agents), the represented iconic forms associated with every agent vary according to the routines used for programming them, showing at every moment and continuously the system fluctuation, they are not immovable preexistences and always they depend as results of the whole as far as their nature allow us.

2.1.3 *Integration*: assembly and approximation. All and every one of the agents can be understood as pulsions of each one of the disciplines involved in the project, or understood as clusters or subsystems or analyzable parts separately or crusterable parts of a concrete project (closing system agent, structure agent, climate agent, place or surrounding conditions agent, etc.) The multi-agent system allows them to come to an agreement, in contact, in conversation, while none of them dominates the others without having understood them as a whole. The choice of the order and importance of agents to form the project is part of the project itself, and it becomes more transparent as decision taken as rule achieve in a consensus, if it existed.

2.1.4 *Exploration*. The user manipulates, through augmented reality markers (in our case, Reactivision fiduciary markers, open source) controlled by webcam, the entities (ID's) position, whose grouping forms a protozOOP, which is this topological scheme based on relations and transactions among users. This way, users (who can embody those disciplines, departments, involved agents) get involved as protozOOPs programmer within this visual laboratory.

a. Register of objectives and stopping conditions: Every phase could mean to discover a synergy among agents not considered previously, which can be interested to be conserved; those achievements are fixed, or those mistakes are corrected, while the rest of agents in the system keep looking to reach their partial objectives, but starting from this new scenario.

b. Cycle and recalculation conditions: there is a continuous computation in closed-cycle of the recalculation of relations and analysis and action until a stopping condition is reached, as for instance, reaching an optimum behavior among the agents in at least a 90% of cases.

3. RESULTS (CONCLUSIONS)

The skeptical position facing the new technologies of project is based in the risk of delegating the whole result to programming, losing the necessary control over the decision-making process of the project, looking for a longed-for scientificist justification. It is necessary to lay down the exact roles between tool and ideation to avoid outrages from any of the parts. The outrage from the idea could mean superfluous decisions of quantitatively demonstrable negative consequences; the outrage from the technique side could mean the creation of artifacts not too sensitive considering needs and non-quantifiable context conditions. The problem is bigger in multidisciplinary teams where programmed strategies need to be elaborated to arbitrate all the experts' visions and to make transparent how they are affected each other, for their analysis, revision and real time modification. The result needs to be an "adaptive model", a prototype which suggests us the best balanced solutions among the possible ones, never only one imposed product created from inflexible programmed rules. A programmed and non-metaphorical consensus, result of negotiation between agents and experts, among involved collectives.

The structure of this collaboration environment expresses the topological nature of ecosystems as resulting order of a solution facing a *nematological* problem, which are those problems where multiple interrelated parameters are involved and they cannot be analyzed separately. This structure gives rise to solutions which are likewise flexible and relational, to subdivisible, fusible, comparable clusters, able to assume condition changes, and able to achieve the identity survival without containing the own transformability. Because there is not any only solution of balanced state, neither only a comfort maximum. The possible topological schemes are multiplied, and inside them, all the agents which work in favor of themselves and of the community, in a productive laboratory, factory of unforeseeable laws which will rule the ecosystem unsuspected future always in evolutionary derive.

2.

COLLABORATIVE ARCHITECTURES: LIVING

2.1 A METHOD IS A PROJECT
Federico Soriano

For some time we have been pushing the idea that a project is a process rather than the result of a process. Explained in other texts as processes, once initial conditions are established, the changes are automatically generated, moving inexorably to the end. This generates finished objects, both fixed and immutable as having been conceived by other classic systems or scientific discipline. In these cases the initial data is problematic because we have all the genetic identification of its outcome. Our action is only kick-start and cook.

Also explained how the procedures are, however, performances by procedures which are fed continuously, changing the trajectory generated either by the environment or by the process itself, or by integrating new data absorbing, changing conditions or the occurrence of newcomers agents. We are always on top of evolution because we respond to any change that system suffered unstable.

This text would reach over and propose a method, or methodology, and is a project. It foreshadows. Defined, it formalizes, controls it, it says. That method, although the dictionary assimilated to a process is not the same as it is closer to what we mean by a process. And thus we learn various methodologies to create open systems if we are to maintain open procedures in architectural design.

According to the Oxford Dictionary of Philosophy a process is a series of changes that has some kind of underlying unity or unifying principle. We understand that the project is that unit continuously league underlying features and changes, giving an apparent stability. The project is sure to be confident that we will produce a result at the end of all becoming. The concept, which was called the idea is only an initial start and the result, which can be unpredictable, unknown, surprising, is changing and has definitely moved away from the origin.

The procedure removes the circle closed and isolated project while superimposed throughout the development, design and implementation, in a single action. The end is equally unpredictable, unknown, surprising, but now it is because they change, or be changed, data and processes to be sensitive to what is happening outside of the initial conditions. The architectural object is the result and the whole course that led to it, all its possible variations, and their evolution and development branches abandoned. Among both modalities, procedures and processes, there is the same difference between open systems, which cannot be modified entropy, because it is a potential external energy exchange, and closed systems, of which the process is part, that always have embedded the arrow of entropy, and everything has a place and a precise definition.

We noted also that the instrumental and tools we use to develop a project and foreshadow the outcome. Increasingly, the drawing systems, machines and software we use, have a closed configuration commands. Constituted methods as they are each of them, a regulated system. It has a method when following a certain path to reach a certain goal, advance proposed as such, taking this definition of *Philosophy Dictionary* Ferrater Mora. A method is a sequence expressed in a rule set. It is an instruction that uses the possible transformations keeping the underlying unity.

The method has been ideologically supported the establishment of a direct relationship with the reality that tries to dominate, a relationship that has made us believe that it is true, the only true. We say, the fact is indisputable, in the same way that the project has safe and undeniable laws that determine the way in which we learn and produce. Learning involves inadequate methods produce erroneous results. Also added the conviction that the method is universal. Thus it may be applied by any. But the fallacy of this definition is that the method seem universal, impersonal, seems to be totally open and we think you do not configure the result. That what we produce is very different from each other and that somehow can be labeled as free creation. Not so. Choose a method or the method that the academy has taught for some time, is to choose the outcome. Make no mistake. Choose one method is to select a shape, working with only one type of space, deciding a result, knowing the conclusion. Because one method is a process, the two are a set of rules.

No method but we have to force the nonspecific learning methodologies, of single-use methods that suit each procedure, directly or invent. The procedure, as we have seen, is precisely what is not a single order or a set of immutable laws, nor be kept within limits set reachable. Is amended in its entirety, or at least that is the potential. For each procedure must negotiate a convention, a statute or flexible regulation on how to do the project.

We must remember that a methodology also limits the result because, in the end, your choice already is. What we learn are methodologies and not a method. Therefore it is very important to know and vary. Rehearse. Upset. We must teach debug methodologies against a single method, although we recognize that it has been and will be very effective. Or, even more important, but more difficult, we must invent teaching methodologies.

2.2 YOUR COLLECTIVE IDENTITY
Almudena Ribot Manzano

1. THE INDIVIDUAL AND THE COMMUNAL

In an interview Herzog & de Meuron argue that architecture is not democratic, quite a provocative statement. They may be right, in our work there is always a final decision to be made and this is usually personal and carries responsibility. However, it seems unbearably old fashioned, this image of the architect isolated in their study, alone in the face of danger. This individualism is almost defunct. Today we know that everything is interconnected and we are all part of a network, even those considered outsiders. Besides the social attitude of placing an author behind each building is rather simplistic and has more to do with the legal responsibility than the expansion of knowledge.

As architects we move in this ambivalence, individual identity versus collective organization, Architectual practices have to find a difficult balance between the two realities. Maybe the two categories are not as contradictory as they first seem, but are part of the same reality. Collective space is defined by bargaining between the various identities that shape it and we learn to participate in it from our subjectivity.

2. COLLABORATIVE ARCHITECTURES

Here we focus on exploring these issues, playing with the boundaries, and experimenting with different degrees of collaboration. The work we present is part of this research, what you might call collaborative architecture. One small step into the vast territory that explores different strategies for collaboration in architectural design.

At the present we are working on the frontier: maintaining a degree of autonomy and introducing a degree of collective negotiating, which is to say we enable heterogeneity without suppressing individuality. We vary the degrees of both, in order to expand the collective collaboration, adjusting to the specific responses we get from the different participants in each individual project.

Our proposal springs from quite simple ideas that gain complexity when they overlap and are related to each other. Overall it could be summarized as follows: we know we are not alone in any thinking, so we look for working practices that strengthen some precise area and induce concrete actions, actions that allow us to learn.

Here are some specific ideas that help us in this process:

2.1. Others have been here before

The idea that we start from scratch, on blank paper, is long over. Now we work with an incredible amount of data. The challenge is to shift through it and select what is potentially significant and useful.

So we work with references. Architectural works, structural and constructional systems already employed, specific materials and ambiences developed by others, are part of the database of our project. We look for interesting fragments from previous projects but not necessarily whole projects with similar characteristics. We make lists of things we want to use and we share them.

This encourages collaborators to take what is already there and to transform it. There is no shame in this, all previously generated culture is our working palette. Take it and generate new meanings with it, if you're lucky you'll do better.

2.2. Something already there

We know that context is the essential point of view, for the project and for ones self. On the ground, there is always something, even if non specific. You yourself also have cultural baggage. Both place and person are constantly changing and are loaded with meanings in the here and now.

We work with maps. We search the net. We use CNC machines. We employ new tools.

This translates into the detection of patterns as they are generated by events. Use your most astute gaze to map what exists. From the point of your most radical subjectivity, search around in the communal.

2.3. Look around you

We know that we learn by reflection, we all work better as critics than as creators. We start by looking around at what surrounds us, what is closest to us

We work out loud, together and with public discussion. There are no individual corrections. We seek out diverse groups and encourage unexpected encounters.

This results in two concrete actions: look at the work of others and exchange information. The most complex behaviors arise from the most casual encounters.

2.4. It affects you

We know that to work collectively mean to pass through a period of negotiation, and we know that you learn more when working with things that affect you. We try to link the two ideas.

We therefore propose obligatory negotiations, such as "if you do not collaborate with the neighbors your project will not stand up." We facilitate collaboration by making sure the entire group uses the same formats and methodologies for each project. It is easier to negotiate if you speak the same language.

This means that the communal group result is richer than the sum of its parts. Negotiation works in your favor, collaboration with your neighbors improves your project.

2.5. More is different

We know that more is different. Do not expect to get right the first time, nor do we follow the golden path to perfection of the ideal course. It is about accumulation. If we generate a large number of proposals there is more possibility of generating relationships. Here it gets interesting.

This is why we work from what is already learnt. Up against the traditional method of teaching architectural projects, in which a new system is invented for every course , we continue to insist on our method.

This means that we recycle content, insist on what is already learnt. We try out a four month project, and if we need to, we expand beyond that working into the project things we have encountered on the way. We realize that we belong to a broader network and more complex future than previously.

3. EDUCATED NEGLECT

And so the project goes on. Specific negotiations are the questions to discuss and we learn to work without having to be taught in the traditional sense. By blurring our attention the fundamental issues can be resolved without putting them in the spotlight. Because what we do know, above all, is that the important solutions are found off the big stage and on the fringes.

At the same time, it is productive to think with some ambiguity, spatial negotiation is possible if we maintain distance, there is no need to share everything. We work with something similar to what sociologists call educated neglect, a kind of tolerance that allows us to interact while maintaining mutual indifference.

In some sense we reproduce the behavior of a city. At the macro level in the project presented in this publication; the "M-30", and the micro level in the shelf project; "life; instructions for use". In the first project we employ horizontal organization and in the second vertical, we emulate the features of the city we find most attractive: the agglomeration of consensual differences.

2.3 MACRO-STRUCTURES
Ignacio Borrego Gómez-Pallete

The responsiveness of the structures is determined by its scale, both supporting structures, as collaborative. Both structures, physical and organizational, have been key players in the development of this course the CoLaboratorio in which we have worked along the M30 in Madrid.

SUPPORTING STRUCTURES

The mechanical response of the structural configurations is related to the geometric arrangement of its elements and the mechanical characteristics of the materials used. Matter and geometry parameters are unavoidable in any discussion about the behavior of a load bearing structure.

D'Arcy Wentworth Thompson published On Growth and Form in 1917, a work that systematically collects the role of physics and mathematics in determining the shape and structure of living things, and that has encouraged biologists and other disciplines related to the mechanical capabilities of bodies, both living and inert. D'Arcy W. Thompson anticipates a detailed classification of all bodies present in nature in terms of its scale through a taxonomy of powers of ten,[1] that would resume later Charles and Ray Eames,[2] and that shows how the configuration of structural elements vary in relation with growth. By varying the *scale* of a resistant section, it increases only squared, while its volume, and therefore its own weight, it increases cubed. That is, the forms are not optimal in themselves, but in relation to its scale.

Apart from this consideration on the scale, Thompson also enlightens us about the structural optimization of the *form*, and how nature does, surprisingly with bolder solutions like lightening metacarpal bone

1. D'Arcy Wentworth Thompson. *On Growth and Form*. Cambridge University Press. The McMillan Company, New York 1945, (First Edition in 1917). P. 66.
2. Charles and Ray Eames. *Powers of ten* [film] IBM 1968 (8 minutes), test version, 1977 (9 minutes), definitive version. USA.

structure of a wing of a vulture shaped truss.[3] Efficiency is the ultimate goal of a structural approach, and lies in the timely distribution of the minimum amount of material to get a handle expected loads. This is an "effort to save effort"[4] which allows us to adjust the material resources and means of implementing to the most appropriate technical solution.

The bodies of the athletes are morphologically adapted to the type of requests demanded by each sport. For weightlifters, the bulk must respond to an explosive reaction in which the operation is not as relevant cardiovascular versus muscle power. The weight of the athlete is not a problem but on the contrary, as more dead weight allows you to store as many muscles and therefore greater capacity to raise the target.

In the extreme case we have the marathoners, fibrous, slender and light athletes, where strength is important but must be achieved efficiently, because each gram of dead weight has to be transported for 42 km and 195 m.

This description can intuitively move to the supporting structures of the buildings, where big overloads approach structural typologies to robust configurations in which the concrete is generally used as the weight is not as crucial, because the load is determined by the overload. At the opposite extreme we find long-span structures, which, in the absence of large overloads, usually acquire steel light configurations in which an effort is made by the use of the least amount of material.

The journey to macrostructures time began when *stability* problems started becoming *resistance* problems. A key moment in the architecture history was the solution of Filippo Brunelleschi for the dome in Florence, which by its boldness is considered the beginning of the Renaissance.[5]

The massiveness of the architecture in which bearing matter and envelope is confused, ceded due to the development of technology to a dis-

---

3. Ibid. [1], p. 981.
4. José Ortega y Gasset. *Meditación de la técnica*. 1934.
5. José María Churtichaga. - "Con un pie en el otro lado... la difusa frontera entre la Arquitectura y la Ingeniería", in *Arquitectos 183. Alta Costura-Haute Couture*. Consejo Superior de Colegios de Arquitectos de España, p. 50.

sociation of skeletons and skins. In this situation Le Ricolais claimed that: "if you think about gaps, rather than working with solids, the truth appears... the art of structure is how and where to place the holes".[6]

The distinction between skeleton and skin offers new possibilities of representation of space, by blurring boundaries and allowing the control of permeability. It seems that man's achievements reached thus the natural patterns that anticipated that dissociation, through all kinds of bone configurations, but the answer to this question, far from being a debate passed, remains an unexplored territory.

COLLABORATIVE STRUCTURES

The experience of those who have gone before us and the ability to store and transmit the inheritance that represents the greatest potential in our species over other, intelligence beyond. This approach has been understood until recently as an essentially vertical flow from generation to generation, which was understood as culture sedimented knowledge that transferred through learning.

However, the current capacity to inform and communicate through extensive and agile knowledge networks[7] has produced a horizontal transmission of knowledge, bringing collaboration up to unprecedented levels of efficiency. The former unidirectional and vertical process turns today to a horizontal and bidirectional.

The *speed of propagation* of knowledge has reached such a magnitude that is no longer conceived as a secretive and linear investigation, but the interaction and exchange among different groups with similar interests produces an exponential increase of the findings and resolution of problems. An example of this potential is that of the Canadian mining company Goldcorp Inc., which was on the verge of bankruptcy, when its director, Rob McEwan, influenced by the collaborative

6. Robert Le Ricolais, *Things themselves are lying, so are their images. Interviews with Robert Le Ricolais*, 1973. p. 88.
7. Picon, Antoine, "Architecture Science, technology and the virtual realm" in Picon, Antoine and Ponte, Alessandra (eds.), *Architecture and the sciences: Exchanging metaphors*, Princeton, Architectural Press, New York, 2003, pp. 293-313.

development of Linux networking, decided to share online all secret information of the last fifty years (something unusual in the excessive secrecy in this industry) and allow geologists worldwide to provide feedback on the viability of the mine apparently exhausted, stimulated by a generous reward. The company received a lot of proposals, from a surprisingly wide range of disciplines in addition to geologists. The company received about 110 potential targets, of which the company had previously considered only half, and these new possibilities, 80% were providing large amounts of gold, which not only catapulted the benefits of this enterprise from 100 to 9.000 million, but estimated they had saved about two or three years of research and exploration.[8]

The size of a working group allows not only to gain experience, but to multiply their individual capacities. The whole is greater than the parts.

In *CoLaboratorio*, through these collaborative architectures, we aim to test the capabilities of the collective work in the development of projects with both common and individual results.

The context is no longer a pre-existing, but a collection of more complex situations that interact. Our field of study at this time, the M30 in Madrid, is bounded by a shared atlas, which was the basis for the project, and also through boundary conditions that depend on negotiations with the neighbouring sites. The circumstances of the connections have been defined from an imposed reference (selected sections) and negotiations between the neighbours. The actors themselves have been responsible for the setting of the scenario, and this approach to the uncertainty principle states that the observer is a disturbing agent on the initial conditions. This has staged a certain complexity in the reality that shows that the situations are not predetermined but depend on our partners and our ability to negotiate with them.

This research has taken place in this laboratory in which small-scale conditions are simulated and also the potential for the simultaneous interaction of multiple actors in a creative process, with a common goal.

Collaborative work takes advantage of the following features to produce knowledge: continuous exchange of results, shared repositories,

8. Don Tapscott and Anthony D. Williams. *Wikinomics. How mass collaboration changes everything.* Atlantic Books. London, 2007

editable files, systematic organization of information... The common objectives can lead researches, however, horizontal exchanges between different projects and reusing parallel investigations and review are fostering this way of working.

It seems that is pending the analysis of the characteristics of the different levels of collaboration: context analysis, study references, research techniques, boundary negotiations, etc. to discover what are the most efficient and collaborative settings and what is exactly the influence of the scale, that distinguish teamwork from collaborative work.

In the same way that the efficiency of supporting structures is a parameter dependent on the material properties, its requirements and its scale, collaborative structures can hone their potential according to their means, objectives and its dimension.

2.4 ON MONSTERS, ASSEMBLAGES AND ARCHITECTURES
Diego García-Setién Terol

R.B. Fuller said that shape was a noun for architecture, while it was a verb for industry. The term *assembly*[9] may be useful to relate some procedures used in both fields. The etymology origin of joining is from the Latin *in-simul* (simultaneously) derived from Old French *ensembler* (grouping, join, unite), so that an assembly would the substantivation of the action of joining.

The term assembly began to be used to refer *to put the pieces together* of a manufacture, in times of the London universal exhibition (1851), although the idea of making something from interchangeable parts, was known in the industry since the early the first industrial revolution of the late eighteenth century, when Honoré Blanc[10] began manufacturing

9. In Wikipedia, assembly is defined as 'set of pieces that work together in unison as a mechanism or device'. In Dictionary.com, assembly is defined as 'the start set of complex machinery such as aircraft, from standard sized interchangeable parts'.
10. The French gunsmith Honoré Blanc began manufacturing firearms from interchangeable parts, based on the experience of Jean-Baptiste gunner Vaquette of Gribeauval,

firearms before the French Revolution. By then, the theory of division of labor by scotsman Adam Smith,[11] was also known, which along with the idea of mounting parts, soon would result in the appearance of the first continuous linear assembly lines, as the block factory[12] for the Royal Navy in Portsmouth (1801). The world of art and culture would collect these suggestive ideas, so did the *Frankenstein, or, The Modern Prometheus* (1818) by M. W. Shelley, which focuses his argument about the *assembly of a monstrous*[13] *body*, from different parties and members of clandestinely obtained human cadavers. In the late nineteenth century, the poet Mallarmé wrote *Un Coup de des jamais n'abolira hasard* where he adopted the technique of *poetic fragments assembly* to build new typographical and semantic structures. And although it was not published until 1914, they anticipated Marinetti futuristic poems, Apollinaire's *Calligrammes* or concrete poetry of the mid-twentieth, where visual and spatial appearance was as important as the rhyme and rhythm, by means of page space as an expressive tool of poetic imagination.

Although in the early twentieth century the assembly and disassembly chain were already known (Chicago Slaughterhouses), the meaning of assembly as an *act of assembly parts of objects*, dates from 1914, when Ford launched his *moving assembly line*[14] in Detroit. In addition to manu-

who first applied interchangeable parts and with them the concept of standardization and construction tolerance cannon (1765). Blanc contacted Thomas Jefferson, then U.S. ambassador to France, who soon exported to the U.S. method, being Eli Whitney (1797). First, make 12,000 muskets using what has since been called the American system of production, then spread to any industry.

11. Adam Smith. *The Wealth of Nations*, 1776.

12. Probably the first linear and continuous process of post-Renaissance assembly. Marc Isambard Brunel, a French emigrant (father of the famous engineer namesake) and his team designed up to 22 types of machine tools to manufacture parts of the gear used by the Royal Navy. It remained active until 1960. From J. E. Gordon. *Structures or why things do not fall*, 1978.

13. Monster (Online Etymology Dictionary) in s. XIV was referring to imaginary animals composed of parts of creatures (centaur, glyphs, etc.). As an adjective 'of extraordinary size' since 1837.

14. According to S. Giedion, it took until 1933 for the supplement of the *Oxford English Dictionary* (quoting American sources, 1897) to add a new meaning of assembly (assembled) as the 'action or method of assembling a machine or its parts' but did not include

facturing its own interchangeable parts, and so controlling the whole process, the novelty of the method was to move the assembled car, to where the components and assemblers were, and not vice versa as was customary in the industry. The traditional linear sequence of tasks, would be soon optimized, by diversifying it into several lines so that the engines, the body and chassis were made simultaneously, to meet at some point in the process where they were assembled faster, with the well known cost reduction that motorized the country. Components would progressively continue to grow, grouping in size and complexity. The same year Ford was launching its assembly line, Duchamp built his first *Ready-Made, Bicycle Wheel* (1913). He himself coined the term in 1915, for those works of art that used manufactured objects often with a utilitarian function and lacking any aprioristic artistic attribute, present-ed 'as is was' or 'modified', without concealing its industrialized origin.

The moving assembly line extended to every industry branch, with the exception of shipyards and aeronautics, which due to the large size of its artifacts, looked for other methods to streamline production. During WW2, over a hundred shipyards participated in a British Admiralty plan to accelerate, optimize and economize the process of building warships. Besides prioritizing welded joints compared to riveted, in order to save material, they implemented the so-called *Building Block Method* (*BBM*) which consisted of sectioning the boats in large blocks, so that they could be worked on simultaneously. This practice was common since 1918 in small shipyards located offshore: boats were built in sections, and joined once transported near the water. Even today's ship, aerospace and automotive industries, are still using this method known as modular method. Today Fordism has given way to the Toyota method, characterized by the *Just in Time* production and the *Supply Chain* as a management tool. The main industrial (VAR) deals and coordinates a network of suppliers manufacturers (OEM), focusing mainly on assembling the final product, from components manufactured by the network members.

The term assemblage was not used in art until Dubbuffet titled a collage made with butterfly wings, as *Assemblages d'empreintes* (1953). A

assembly line, assembly-room itself appeared as 'living a workshop to assemble the parts of some composite articles'.

year later he defined them as those *three-dimensional works made mostly from natural materials and objects*. Soon after, the MoMA organized the exhibition The Art of Assemblage, bringing together the work of artists (Braque, Picasso, Man Ray, Schwitters, Dubuffet, Rauschenberg) employing the technique of *assemblage, the art of making articles from natural materials objects or fragments devoid of artistic quality*.[15] At that time G. Simondon published *The mode of existence of technical objects* (1958) second part of his doctoral thesis in philosophy, where he defined the technical imagination as a special sensitivity to the technicality of the technical elements –simplest category of the technical object– that allows to discover new possible assemblies, and thus the invention of new technical objects. He also defines the technical object as an intermediary between man and the world or that of which there is genesis, which could also be used to define Architecture, understood as a technical object or as an assembly of technical elements which are support and vehicles of technicality, a transferable property through which technical objects evolve towards increasing integration into other architectures.

In the CoLaboratorio we investigate possible technology transfers between Industry and Architecture. In this case we have transferred an industrial production method (BBM), applying it to academic production of Architectural Design. This paper presents a collective work done in 4 months: *a large assembly of 80 parts*. We started from well defined rules (program%, maximum distances, built depth, etc.) that responded to a *common strategy*: to design a superimposed linear city over the infrastructure of the M30, being able to incorporate into its structure, *multiple project tactics*. Each CoLlaborator would handle a 400m long segment to be connected at both ends with 2 other colleagues. A protocol for the joints between the different parts of the project was established: these would coordinate spatial, dimensional, structural, programmatic and formal connections between the different parts, through the use of Sections (of infinitesimal thickness) of different and well known architectural projects, of a tested interest and quality, which were assigned from a given list. Each segment designed by the CoLlaborators would be '*genetically informed*' by the Sections

15. William Seitz, curator of the exhibition *The Art of Assemblage*. MoMA New York, 1961

of its both ends, so that everyone could start their project from architectural material of each 'joint-section'. We could explain this operation as an architectural *'morphing'*. This is a special effect by which an image or shape is transformed into another, by means of a computer program which establishes common points between them to digitally generate the intermediate stages of the *transformation*.[16] It could also be explained as an infinite integral of differential sections of the project, given the limits of the domain, defined by the two sections, to which the CoLlaborator was forced to add a third 'intermediate stage' in their integration. They exercised their *technical and poetic imagination* and, after assimilating the properties and values of the given architectures, produced new architectural assemblies. From a common plan, they have produced modularly, coordinately, and simultaneously, a large *project*[17] of 80 parts, which were assembled only at the end of a process, forming an urban superstructure over 32 km long. Between *Frankenstein* and the *T-1000*, 173 years have passed, during which Industry has learned to dissect, assemble, integrate, to work simultaneously, managing technical objects that carry and transfer information. Meanwhile, in architecture we are still learning...

CoLaboratorio is no longer a Project Workshop, but an Architecture Factory!

2.5 WORKING IN UNCERTAINTY
Daniel García López

The scale and the approach of this exercise prevent the students from using the otherwise typical aspirations of order and control of smaller projects, forcing them to accept the uncertainty as the only constant in the project.

16. The technique, developed by Industrial Light & Magic company, came into use in films from the late 80's, but did not become popular until it was improved significantly in 1991, with the *Black or White* music video of Michael Jackson and the movie *Terminator 2: Judgement day*, in which the T-1000 can change shape by changing the current position of his body parts, imitating any person or object.
17. It is estimated that the project on the M30 (32.5 km long) represents a building bulk of 20 million cubic meters.

Uncertainty produces an absence of certainties that pushes the student out from his comfort zone and forces him to forget preconceived concepts to find new operational tools to seize the project. There is no optimal choice; the project is only an option in an infinite number of possible projects. Error is a valid result in this experimentation, initial fears disappear and investigation begins.

The references used in the process, become operational tools. Warping, Scaling and Copying the references are basic operations in the procedure of designing.

By assuming uncertainty, the building turns into an open system, susceptible to the change of the environmental conditions and adaptable over time. The exchange of information and energy is the priority. The building is continually updated to assume the constant changes generated by the neighbour projects.

All the elements in the system are interconnected, resulting in a single collective project. The changes negotiated by one student, modify the whole group which is transformed as a result of the continuous exchange of information between interconnected elements.

This situation forces us to understand which parts remain stable and which ones change in the project, working abstractly with the building as a whole and specifically with the connections between the elements.

Indeed, these connections create relationship links that turn the building into a collective project, with two scales read within it, the micro (student – individual project) and macro (class – group project).

The focus moves from the isolated elements of the programme towards the existing relationships among them that enable the outcome of a new structure that favours the information exchange, allowing a continuous update of the project without changing its parts.

The project becomes a changing organism, where its external shape is determined by the variation of the environmental conditions but with an adaptable internal structure that remains stable despite modifying its component parts thanks to continuity of its internal relationships. An ontogenic whole where its structure changes constantly without modifying its own organization. The elements forming the collective

project can be modified without affecting the identity of the whole. The
project becomes a collective evolving hunch.

2.7 COMPROMISE - CONCERN
David Pérez García

A

> (...)
> If I manage to huddle into this nook
> I may not be reached by any community
> directive. Neither will I be reached
> by its projects. I am keeping mine inside
> this briefcase: I'm not going to undertake it, I just want to show you
> its demise, laid on the flesh
> of its paper. >>>

COMPROMISE - CONCERN

I guess learning how to make architecture projects may be about,
among many other issues, learning to compromise and to take risks,
and once one's playing the adult, (s)he may get to know that her/
his decisions can concern many other people and other non-human
stuff... and that these concerns are for real. We're using here the term
people to describe an empty space that may include us all, but we are
just playing and we have the privilege of rehearsal so we can establish
some laws, so that we can be operational, we organize a system to
make associations in groups of three (for example).

There's plenty of that on Unit#27 (CoLaboratorio), a lot of compromise,
many risks and a lot of concern. There's long ago since one can't go on
learning into the solitude of his/her projective cavern, one tries to get the
abilities to make faster exchanges, to intercommunicate more intensely,
that's how (s)he may develop some of her/his more treasured tools.

How do we compromise? There's no voting, no quantitative rules to
impose agreements, there's no point in reaching total agreements, we

can invite others, be invited by others, it is not an assembly, is it a lab? Success is to get involved with others, and to get others involved with you. Share the rush!

Where responsibilities are shared, accuracy may be the challenge, and hierarchies may be surpassed, so that we can take some power, be experts, transcend copypaste, and learn how to empower ourselves as a group and, if conditions are right, be a temporary community.

>>>   There's a huge project dump
it's really close to us. I ask you to rescue
the plastic of all their briefcases. I ask you for another favour:
        do not forget one another
        on the carpet of your airports.

Mercedes Cebrián. *Mercado Común* (Caballo de Troya, 2006)

2.8 INTERVIEW: LIFE A USER'S MANUAL
Enrique Llatas

1. It can be said that there are not two equal learning processes, but there is actually a way to concrete some similar architecture teaching methods and aspects. 3 years ago, the first edition of the workshop you leaded, called "CoLaboratorio" appeared. Could you please explain us what is it about and what evolutive aspects have you seen in these last years?

Almudena Ribot: CoLaboratorio was born from a common interest to explore the possible existing relationships between the building processes and contemporary industry, and the procedures and projective strategies of the architecture. We worked with digitalized machinery and developed prototypes.

Since the beginning, we focused this activity: we made models in collaboration, so each student would have a certain autocracy degree and, at the same time, depend on the group. With time, we have been learning that this collaborative part of the workshop is nearly more interesting than the prototypes on their own.

The collective work is the paradigm of architect profession nowadays. The individual architect that works isolated and protected, inside his own studio, is now over. Nowadays, projecting architecture is negotiation.

The objective is, mainly transferring this real collective, participative and negotiated work situation to the students. This, that at first sight seems very simple, is not. Emulating reality is a process that needs to oscillate between the concrete and the abstract. Also, the actual students particularly those who come from the ETSAM, from the UPM, have very good results on their academic formation, so they tend to an individual and concentrated work. Our purpose is making them remember and develop these transversal abilities, common to all disciplines and sometimes forgotten. To negotiate is not to lose; complicity means individual profit.

Ignacio Borrego: the collaborative formats and the new digital media at our hand, do not just mean a revolution in our way of approaching our discipline, but their influence affects the knowledge transmission methods and the formation of new architects.

The new information flow and digital fabrication media allows us to make shorter the distance among the academic world and the professional, between the creation and the construction, these new media seems to be the one that is going to allow us to link again formation with direct experience, and the collaborative learning with negotiation.

Diego García-Setién: CoLaboratorio was born with the objective of experimenting with teaching methods that would move the importance of the individual genius to the collective intelligence, promoting the real natural production at the classroom —learn while manufacturing- as an essential task of the architect, we thought that it is urgent the evolution of the learning methods of the discipline and the architectural project techniques. Nowadays, that the competences of the architect as an isolated professional are being compromised, we see how teaching is still very similar to the one known by our architect grandparents.

A successful casual start on an optimal subject encouraged us to move this methodology and experience to an ordinary and main subject on the actual studies plan. The "jump" implied a big logistic challenge: from leading a 12-projectists collective intelligence, to other to 75 individuals. Actually, we are still learning to make it better.

2. On the 2010/2011 edition it is shown the importance of "mistakes" and the difference with the failure when projecting, how do you tell this to your students at class time?

AR: The University is there to explode and experiment and so, to make mistakes. We learn more from our mistakes than from our successes. We try to put the mistakes and successes, to the students, at the same level, just that. It also helps not worrying too much about the things, objects and focusing more on the relationships among them. Worrying about the negotiations, the processes, the intermediate places, that is what is more important for us. The students know that this is not an academic and rhetoric stance, is a real attitude.

IB: On a pedagogic approach, in which the products are not real size representations, but just final models on their own, leads the introduction of an interesting meaning of making mistakes that generally is smaller in academic surroundings. It is about the mistake understood as a deviation of an ideal formalization and not so much as a mistake.

The deviation will be inversely proportional to the precision of the materializing processes used, but it will be always there if the objective obliges to test the programmed instructions and to verify their viability. The necessity of reaching a built product needs to manage compatibility, testing, tolerance and mistake aspects.

DG-S: When we say that CoLaboratotio tries to explore the possible transferences that exist on the designing and manufacturing of the contemporary industry, we are referring to, for example, how the last automobile model is developed. This is a task that has not just 1 author, but a whole technical team behind. During the prototyping phase, the "mistake" is assumed as a fundamental part of an optimization and constant improvement of the projected and manufactured processes. This is an important aspect on the learning of an architecture student: to understand that what is important is how to develop an architectural project, understanding it as a polyhedral and complex multi-scalar relationships system, affected by different agents and circumstances.

3. Projects as the M-30, vertical dwelling and lately, the creation of a new city for Tunisia, lead to a trip with the students, were done. Could you please talk about it with us?

AR: since the experiences with CoLaboratorio, we do not stop the discovery of new possibilities on the collective procedures. On the M-30 project, we worked mainly on border relationships; the project was linear and batched according to transversal sections common to two students. It was projected from a longitudinal section, the transversal were the trigger and at the same time, were the physical joint between the individual projects. The vertical project made the collaboration levels higher, so the m3 between the nearby batches had to be changed and they had to work with the gravity and common supports for the whole group. If somebody did not respect them literally, they "threw" the rest of their partners. In Tunisia we have increased the complexity of negotiations. Our next objective would be to overcome the contract relationships and working with procedure mediations.

IB: Each course has tried to organize its objectives through a simple general frame that would establish, besides a collaborative work, a confrontation to opposed realities in certain way, that allow us to put on value the specific values in each case. During the 1° quarter of the 2011-2012 course, the city and the big infrastructures were studied through an analysis of the globalism of the M-30, making an emphasis on the physical context and the macro-structures, while the second quarter was focused on a small domestic space on which the context was reduced to the negotiation with the partners that developed their project on an adjoining position, giving priorities to the scale, close to the atmospheric and material. The context stops being a pre-existing situation to talk with, to transform into a changing result and close to negotiate with. During the next course 2012-2013, we have done during the first quarter, a new city in a collective way in Tunisia's desert , giving priorities mainly to the weather conditions and to its influence over the form, passive and active systems to react before them on an intended way. The contrast is produced in the next quarter on which besides varying the scale again to attend to more constructive aspects, we travel to a cold environment on an island next to Copenhagen, to test the importance of the environmental parameters.

DG-S: Working as a collective, transforms the projects workshop on a Technical Team with a huge answer capacity. Leading this to another very well managed scale, organizing its functioning and the tasks division, the same Architecture School could become an interesting consulting and productive organism, that would work for the society that it is on hands of. The collection of cartography, produced for the M-30, could be the trigger or pre-project of a Psycho-Geographic Atlas for Madrid. The case of the vertical shelf represents the first phase of the project that we have called "Open Building 2.0" that we are preparing as a researching project and for which we are now looking for financing. It is a collective project, whose aim is actualizing the compact residential proposals of "support and filling" from J.N. Habraken through the implementation of the R+D+I on the process of designing, manufacturing and participation on the decision taking. If the project develops as we are wishing to, it could go besides levels of degrees post-degree and research of the University, making our students and members of our researching group ProLab, to participate as part of a huge R+D department, that would offer all the technical and creative potential of this Public College, to everybody who would like to take advantage of it.

4. The workshop started with an important number of references of architecture projects from the Hotel and Conference Centre of OMA in Agadir, to Le Corbusier Hospital of Venice. What is the importance of knowing and analyzing architectural Works and how do students use and relate it to the Project, for example in Tunisia?

AR: Working since the beginning, from the famous blank page that the artist has to face, is nowadays over. The architectural process does not start with a magic vision of the project, but we do work from the information, from an impressing number of data and preexistences in which we have to "dive in" and above all, select in order to generate new meanings. We give the student a good number of references of other architectures as a part of the package of data that he will have to work with during the project. It is about inserting these cultural objects in a new context, for which he should have to know very well the work material and have to admit that the originality that is undrawn is not that important.

IB: Isaac Newton wrote on a note to Robert Hooke in 1675: "If I have achieved to see further, it has been because I have stepped over giants shoulders". These words were not originally his; however they have turned into an eloquent example of the power of the collective in the making off of the scientific knowledge. The university is the suitable environment to make understand that the important stuff is learning to learn, and that the major part of the way has been already walked by somebody before us, for this reason we must take advantage of this experience. In habitable spaces Project ("Life: use instructions") we have used this resource through the distribution among students of a collection of systematic constructive solutions that must be studied by themselves at first stage, and later on applied to their own projects. The constructive development of each project came from these relevant experiences of the recent history of architecture, from references of obligatory use.

DG-S: Architecture is a technical and historic discipline, and it is precise to be studied and known deeply. Give the student, since the beginning, with working materials as a chosen project, of proven quality, implies injecting knowledge, transferred since the first moment that the student starts to modify it, needing to know what are the properties and essential values. Working with the "genetic code" of these architectures, means to arrange a good information package, but not as a simple reference, but as a "matter of project" that can be manipulated, modified and developed until getting a new project. This kind of work points to the objective, already commented, of cancelling or suspending the individual character of the project since the beginning.

5. To finish, lots of schools lead the topic of the review of the Project of the student, the "critique" to a more individualized place, what we know as personal criticism, in your case, we know that you see this way of teaching a bit limited, due to the lack of attention of the students for the others' projects. What positive aspects can you see on the collective criticism?

AR: We believe that with conversation we can learn more than with individual correction, the important thing is on the relationships between projects and not in concrete examples. Also, we learn more with corrections done to others than with auto-corrections. We all can see better the mistakes of the others. That is why it is better to be done in a group and loud; we learn a bit with reflection.

IB: Personal implications carry some subjectivity that makes harder the understanding when it is time for evaluation or review of the own work. However, the confrontation against others' labor can happen amongst the partners with an unprejudiced and critic attitude that allows in many occasions, to understand the appropriateness or inappropriateness of every decision taken, allowing learning with more efficiency.

DG-S: how can we support individual criticism, if we promote a more synergic work of a group? Nevertheless, we have proved that during the learning process it is important to keep a plot for individual work, because this works as a motor force and stimulates the student. To join individuality with the collective, we structure the course from a general collective strategy that defines some relationship parameters between the course members, but allows implementing different individual tactics to the project. These tactics can be isolated on a critic just in part, because they always need a "contextualization" on the group where they are integrated on.

With all these, we still have a lot to improve...